ワルい心理テスト

悪用厳禁

監修 渋谷昌三

日本文芸社

はじめに

「テスト」と聞くと、学生時代の苦い思い出が頭をよぎる方も多いのではないでしょうか？

試験ぎりぎりまで遊びまわり、結局、一夜漬けで勉強して、「ほとんど勉強してないから、今度のテストはダメだろうな」と友人に言い訳した経験は、意外と多くの皆さんがお持ちのはずです。

ちなみに、これは「セルフハンディキャッピング」と呼ばれる行為です。

何かを成し遂げる自信が持てない時などに、不利な条件を自分でわざと設定して、「できなかった」ことに対する自己弁護を図っているわけです。
心理学の観点からすれば、こういう行動をとるのは、自分に自信がなく、成長することを自ら妨げている人物と考えられます。

自分に自信が持てなければ、社会の中で孤立することもあります。
また、いつも言い訳ばかりのマイナス思考で生きている人にとって、人生はつまらないものでしかありません。

そんな時は、少し「心」について考えてみるとよいでしょう。

「心」は自分自身はもちろん、友人や恋愛相手、会社の上司、見知らぬ他人を問わず、人である以上、誰しもが持っているものです。
そして、そうした人のちょっとした「心の動き」を把握できれば、コミュニケーション能力アップや人間関係の向上をはじめ、他者の心を覗き込み、自分の思いのままに操ることもけっして不可能ではないのです。

本書では、「心理テスト」という形式で、読者の皆さんが設問に答えながら、自らの深層心理や他者の心の動きを知るためのスキルが学べるようにご紹介しています。

人の心の中をこっそり覗き、意のままに操ろうとするのは、本書のタイトルのようにちょっと「ワルい」ことかもしれません。

ただ、「清濁《せいだく》併《あわ》せ呑《の》む」という考えは、この世の中を渡っていくにはとても大切です。世間では必ずしも、正しい考えや正しい行動がいつも「正しい」とは限らないからです。

「正しくないこと」がまかり通り、正しいと信じていたことが受け入れられないという場面が多々あるのは、この世に生きている方なら誰もが感じているはずです。

ですが、そういった正しくないことに立ち向かうためには武器が必要です。「これが正しいんだ!」と正論を振りかざし真っ向から対立するのではなく、表向きは波風が立っていないのに結果として自分が正しいと思った結論になっている。それこそがワルい心理学の戦い方なのです。

ちょっとワルいスキルだけど、それを自分自身の成長のために活用することで、行動や言動に自信が持てるようになり、人生とポジティブに向き合っていけるのであれば、心理学が学問として、世のため人のために役立っているということではないでしょうか?

ぜひ心理学の知識を身につけて、正々堂々と胸を張り、皆さんにとって「健全」な社会生活をお送りください。

渋谷　昌三

第1章 あなたの心の奥に秘められた「本質」テスト

ワルい心理テスト

contents

第2章 他人の本性を暴き出す「腹黒ワザ」テスト

ワルい心理テスト

contents

第3章 気になる異性の本音に迫る「LOVEテク」テスト

ワルい心理テスト

contents

第4章 あなたの「コミュ力」&「心理操作スキル」テスト

ワルい心理テスト

contents

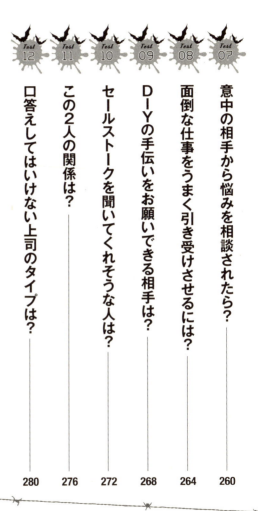

第1章

あなたの心の奥に秘められた「本質」テスト

この章では、あなたの本音が
露わになるテストをします。
あなたの普段の行動や
心の奥で考えていることを
自分自身でしっかりご確認ください。

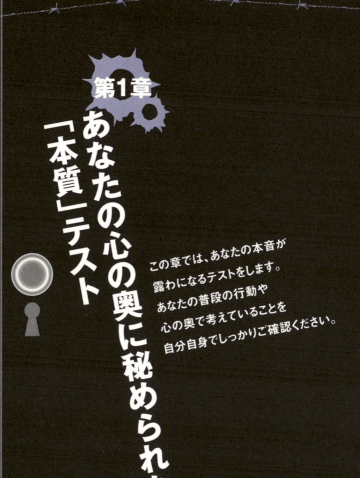

TEST

01

がらがらのカフェ、どこに座る?

がらがらのカフェに一人で入りました。
テーブルが自由に選べるとしたら、
あなたはどの席に座りますか?

A
入口に近い席
B
中央の席
D
隅の席
C
壁に向かう姿勢で隅の席

TEST 01

診断

このテストでは

選んだ席の位置により、あなたの「他人への接し方」がわかります。

A を選んだあなたは

猪突猛進タイプ

入口から入ってすぐの席に座る人は、あまり落ちつきがない猪突猛進タイプと考えられます。店に入ったら目の前に空いている席があったから飛びついたなど、せっかちな部分がありそうです。もう少し落ちついて行動すればとても良好な人間関係が築けます。

B を選んだあなたは

唯我独尊タイプ

中央の席に座る人は、自己顕示欲が強い唯我独尊タイプです。店のど真ん中の位置は、周囲の誰からも注目されやすい目立つ席といえます。自分に自信を持つのはよい傾向ですが、もう少し他人に対しても興味を向けてみるととても信頼される人物になれそうです。

C を選んだあなたは

一匹狼タイプ

隅で壁を向いている人は、内向的なタイプといえます。コミュニケーションの取りづらい隅の位置で、誰とも顔を合わさずにすむように壁を向いているという点で、他人と関わることにどこか不安を感じている人物、いわば一匹狼タイプと考えられます。

D を選んだあなたは

バランスタイプ

隅の席に座る人は、人間関係においてもバランス感覚のあるタイプです。人はつねに自分がいる位置を確認しておきたいという心理が働くため、全体が見通せる位置を好みます。自分は目立たずに、他人を観察できる場所だけに物事を冷静に分析できる性格の持ち主といえるでしょう。

TEST 02

失敗した時、あなたはどう考える？

「明日までに大急ぎでやって！」と
上司から依頼された仕事で
ミスをしでかしてしまいました。
そんな時、あなたはどう考えますか？

A
上司の指示が悪かったと思う

B
自分のミスだと思う

C
誰にでも失敗はあると思う

TEST 02

診断

このテストでは

あなたの「フラストレーションの発散タイプ」がわかります。

A を選んだあなたは

ハリケーンタイプ

強風で周囲のものを吹き飛ばすハリケーンのようにフラストレーションの原因を自分以外にぶつけてしまう人物です。心理学的には外罰型と呼びます。会社では部下や同僚、家庭では他の家族に責任を転嫁しがち。本人はストレスと無縁だけによい点もあるのですが、良好な人間関係のためには他人ばかりを責める傾向をあらためたほうが何かとうまくいきそうです。

B

を選んだあなたは

休火山タイプ

休火山のように心の奥底に本当の感情を眠らせて、自分自身でフラストレーションをかぶってしまう傾向にあります。心理学的には内罰型と呼びます。それだけに精神的な負担も大きく、うつ病になりやすいタイプなので、上手にフラストレーションが発散できれば、突然大噴火という事態は避けられるはずです。総じて、周囲からは謙虚で責任感が強い人と高い評価を受けることが多い人物といえます。

C

を選んだあなたは

風まかせタイプ

問題の原因をよく考えず、風まかせ成り行きまかせのあいまいなままで放置してしまう傾向にあります。心理学的には無罰型と呼びます。あまり深く考えないので、時として無責任と見なされることもあります。ただ、フラストレーションを外にも内にもぶつけることなく「仕方がない」と思える割り切りのよさは長所ともいえます。

TEST

03

あなたが選ぶ基準は？

お店で商品を選ぶときなど、
あなたは次のどのやり方で
判断を下しますか？

A

よく考えて判断する

B

「面白そう！」「生理的にイヤ！」など感情で判断する

C

手触りや匂いで判断する

D

ひらめきで判断する

TEST 03

診断

このテストでは

あなたの「物事に対する判断タイプ&現実逃避度」がわかります。

A を選んだあなたは

思考型タイプ

考えることが得意で、それを基に判断する思考型タイプで現実逃避度は低いといえます。外向的な人物であれば、客観的な事実にそって考えがちで、他人の失敗に厳しいところがあるようです。内向的人物であれば、自分に関心が向かっているので主観を重視します。頑固なところもありますが意志が固い性格の持ち主といえます。

B を選んだあなたは

感情型タイプ

豊かな感情を持ち、自分の感情を頼りに判断する感情型タイプで状況によっては現実逃避することもありそうです。外向的人物であれば、友人が多く、人気者タイプ。流行に左右されやすく深く考えない傾向にあります。内向的人物であれば、感受性が強く、自分の内面を充実させることを重要視する人物といえます。

C を選んだあなたは

感覚型タイプ

触感や嗅覚など、五感を通じて感じたことで判断する感覚型タイプで現実逃避の心配はなさそうです。外向的人物であれば、享楽的な性格の持ち主。どんな現実でも受け入れる力があります。内向的人物であれば、物事の奥にあるものを鋭く感知する力があり、独自の表現力を持っています。

D を選んだあなたは

直感型タイプ

思いつきなどを重視して判断する直感型タイプで現実逃避度は高めなのですが、本人はその状況を楽しんでいます。外向的人物であれば、実業家に多いひらめきタイプで、さまざまな可能性を追求します。内向的人物であれば、非現実的なひらめきで行動することが多い、芸術家タイプといえます。

TEST 04

旅行するならどこに行きたい?

長い休暇を取れることになったので、旅行に出かけようと思ったあなた。さて、目的地はどこに決めますか?

B

アメリカ

A

南の島

D

香港

C

インド

E

ヨーロッパ

TEST 04

診断

このテストでは

仕事や人生における
あなたの「価値感」がわかります。

A

を選んだあなたは

現実逃避タイプ

自分の人生や精神状態に、リフレッシュを求めている人物です。都会の喧騒や仕事上の人間関係などに疲れきっているのかもしれません。普段から意識して趣味やスポーツなどで気分転換を心がけるとよいでしょう。

B を選んだあなたは

未来志向タイプ

流行の発信地ともいえるアメリカだけに、新しもの好きで、トレンド情報などにも詳しい人物です。アメリカンドリームという言葉をどこかで意識し、「裸一貫から成功をつかみたい」と考えているのかもしれません。

C を選んだあなたは

内面追求タイプ

インドのような神秘的な国に憧れるのは、「自分の内面を見つめなおしたい」という気持ちが強い人物と考えられます。特に目に見えない世界や精神世界に魅力を感じているようです。

D を選んだあなたは

上昇志向タイプ

東洋と西洋が入り混じったエキゾチックなスポットは、ショッピングもグルメも楽しみたい人のメッカ。そんな香港に憧れを抱くのは、上昇志向を持ち、「リッチな気分を味わいたい」という気持ちが強い人物といえます。

E を選んだあなたは

伝統志向タイプ

歴史と伝統のあるヨーロッパ諸国だけに、歴史を重んじ、重厚で古い文化に憧れている人物といえるでしょう。自分もまた、社会的に信頼され、「ステータスを得てみたい」という気持ちが強いようです。

TEST 05

カラオケする時、何を歌う？

仲のよい友人達と
カラオケに行くことになりました。
さて、あなたはどんな曲を
好んで歌いますか？

A

ロックや洋楽を中心に歌う

B

ヒット曲を中心に歌う

C

演歌を中心に歌う

D

そもそもカラオケが嫌い

TEST 05

診断

このテストでは

曲の好みから、あなたの心の奥に潜む「目立ちたがり度」がわかります。

A を選んだあなたは

目立ちたがり度
低め

自分の方向性をしっかり持っているこだわり派で目立ちたがり度は低いといえます。好きなものや興味のあるものなどに対して、強いこだわりを抱いている性格の持ち主です。他人から理詰めで説得されると弱いところがありますが、物事を論理的に判断できるのは大きな強みといえます。

B を選んだあなたは

目立ちたがり度
MAX

一番最初にマイクを手にすることが多い人物で目立ちたがり度はMAX。流行の曲に敏感で、振りつきで歌うこともよくあるはずです。仕切屋さんでもあり、つねに人の輪の中心にいるタイプといえるでしょう。

C を選んだあなたは

目立ちたがり度
そこそこ高め

基本的にその気になりやすい性格の持ち主で目立ちたがり度はそこそこ高め。義理や人情、忍耐やうらみなどをテーマにした曲を感情込めて歌うことを特に好みます。実生活でも、どこか芝居がかっているところがあるようです。

D を選んだあなたは

目立ちたがり度
高め

プライドが高く、ハメを外して騒ぐのが苦手か、単に歌が下手なのを自覚している人物と考えられます。とはいえ、得意分野に関しては目立ちたがり屋は高めといえます。自意識過剰タイプに多く見られますが、周囲から上手にホメられるとその気になりやすいところがあります。

TEST 06

あなたは人の言動に対して、どのような反応をしますか？

次のYES/NOチャートでチェックしてみましょう。

START!

自由な時間があれば
やりたい趣味がいくつかある

NO

YES

歩きスマホは迷惑だ

ブランドものが好き

誰かに言われた通りに
行動してしまうことが
よくある

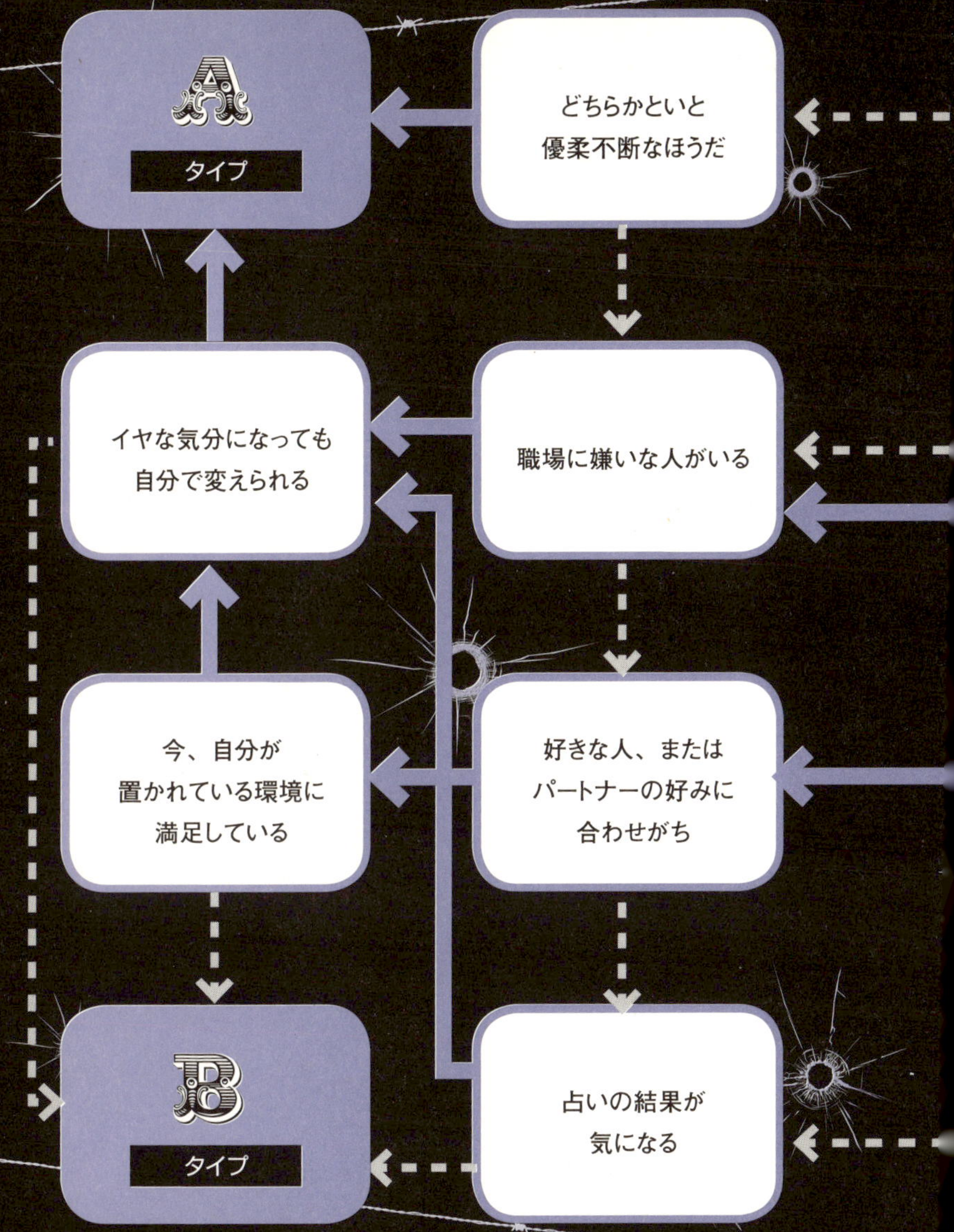
A
タイプ
どちらかといと
優柔不断なほうだ
イヤな気分になっても
自分で変えられる
職場に嫌いな人がいる
今、自分が
置かれている環境に
満足している
好きな人、または
パートナーの好みに
合わせがち
B
タイプ
占いの結果が
気になる

TEST 06

診断

このテストでは

あなたの「物事に取り組む姿勢」がわかります。

A の結果だったあなたは

頑固一徹型

仕事や勉強などの成果は自分の努力次第、あるいはやる気次第で左右されると考える人物で、心理学では内的統制タイプと呼びます。基本的に物事に対し、能動的かつ積極的な姿勢で、意欲を持って取り組む

B

の結果だったあなたは

諦観型

物事の結果は自分自身ではなく、他人や外的要因に大きく左右されると考える人物で、心理学では外的統制タイプと呼びます。たとえば、商談に失敗したという状況でも、「運が悪かっただけ」と不可抗力を理由に自分自身の言い訳にして、簡単に諦めてしまうところがあります。それでも、くよくよ悩まず、自分の力を過信しないという性格は長所といえます。時には諦めることも大切ですが、もう少し自分の行動に対して責任感を持つように心がけるとよいでしょう。

ことができます。ただ、「中途半端な仕事はできない！」と完璧主義すぎるところや一人で頑張りすぎる傾向もあるようです。事前に周到な準備をして、物事に対処できるのでしっかりタイプといえるでしょう。

TEST

07

どんな本を好んで読む？

あなたが本屋さんに入った際、
何となく手にとってしまうのは、
どのジャンルの書籍ですか？

A
古典

B
ベストセラー

C
ビジネス書

D
歴史書

TEST 07

診断

このテストでは

あなたが仕事に対して抱いている「野望度」がわかります。

A

を選んだあなたは

野望度
低め

あまり野望は抱かず、現状維持で満足しているようです。少々権威に弱いところがあり、社会的に影響力の強いものにはひかれやすいのですが、新しい価値観に対してはあまり受け入れようとしません。クリエイティブな作業は不得手といえますが、型や常識を大切にする優秀な頭脳の持ち主といえるでしょう。

B

を選んだあなたは

野望度
それなり

野望というより我が道を行きながら成功するタイプです。思いつきをすぐに実行できる行動派で現実的なパワーの持ち主。幅広い人脈を築くことができます。ただ、権威のあるものや人物を心の中では毛嫌いする傾向にあり、目上の人や上司とうまく信頼関係を築けるかどうかで成功が決まってくるといえるでしょう。

C

を選んだあなたは

野望度
高め

野望はそこそこ抱いています。根はまじめなのですが、苦手意識やコンプレックスの強い人物ともいえます。本などから知識を得るだけで満足して、行動に移せないケースも時として見られます。とはいえ、自分のビジネスを軌道にのせたいと望んでおり、前例から学ぼうとする意識が高い勉強家と考えられます。

D

を選んだあなたは

野望度
MAX

ロマンを大切に考え、胸に秘めている野望はＭＡＸといえるでしょう。出世欲が強く、武士や侍などに憧れ、心の中にある願望を物語の中で発散しています。歴史上の人物に自分を投影し、空想の中でヒーロー気分を味わいたいという、ある意味向上心たっぷりの人物といえます。

TEST 08

どの言い訳がしっくり来る?

シチュエーションによって
言い訳の仕方もさまざまです。
さて、次の7つのうち、あなたにとって
どの言い訳がしっくりきますか?

A 「恋愛関係がうまくいかなかったのは、彼女が僕にふさわしくなかったからさ」

B 「あんまり勉強していないから今日の試験はダメかも…」

C 「えー！ だって、みんなやってることでしょ」

D 「あの時は自分を見失っていたからなぁ」

E 「たまたま、運が悪かっただけさ」

F 「あの人が私のことを嫌うから私もあの人を嫌いなんだ」

G 「禁煙中だけど、我慢するのはストレスだからね。ストレスのほうがガンになる確率が高くなるはずだよ。だから、この1本だけ吸うのさ」

TEST 08

診断

このテストでは

あなたが普段使いがちな「言い訳の傾向」と「身の守り方」がわかります。

A を選んだあなたは

合理化型の傾向があります。問題の原因について、他人に責任を転嫁するなど、何かと都合のよい理由をつけて自分を正当化しがち。明らかに自分の責任であればきちんと認めるようにしましょう。

B を選んだあなたは

セルフ・ハンディキャッピング型の傾向があります。失敗した時など、自分が傷つきたくないためにあらかじめうまくいかない理由をつけがち。物事に臨む際は入念な準備をするように心がけたいところです。

C を選んだあなたは

巻き込み型の傾向があります。周囲の人が同じような行動をとっていることを例に出し、「自分だけが悪いわけではない」ことを主張しがち。あくまで他人は他人、自分は自分であることを意識しましょう。

D を選んだあなたは

特例主張型の傾向があります。「今回はたまたまでいつもは違う」など、その時だけの特別なことだったように主張し、本来の原因からは目を背けがち。自分の行動を顧みて反省すべき点はあらためるようにすべきです。

E を選んだあなたは

抑圧型の傾向にあります。自分のミスが原因なのにそこから目をそらすために「運が悪かった」などの外的な要因に責任を押しつけがち。ミスの原因をきちんとつきとめ、同じ過ちをおかさないよう気をつけましょう。

F を選んだあなたは

投影型の傾向にあります。本来は自分が抱いている感情なのにも関わらず、他人が自分に向けているように、勝手にすり替えてしまいがち。自分の本当の心ときちんと向き合ったほうが精神的にも楽になるはずです。

E を選んだあなたは

詭弁型の傾向にあります。数字や統計を持ち出したり、論旨をずらしたりして正当な理由のない言い訳を駆使しがち。むしろ、自分の正直な考えをぶつけたほうが、周囲からの反感は買わずにすむと思われます。

TEST 09

あなたのリーダーシップチェック

次の1～6の問いに対して
A・Bのうち、
当てはまる方を選んでください。

QUESTION 1

5人で話し合いをすることになりました。
どちらのテーブルを選びますか?

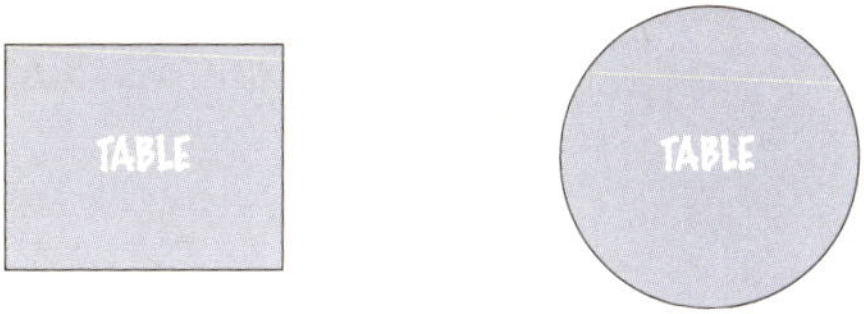

A 角テーブル

B 丸テーブル

QUESTION 2

それぞれの側に3脚ずつ椅子が並ぶテーブルで、5人でミーティングをします。あなたはどちら側に座りますか?

A 2人になる側

B 3人になる側

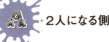

QUESTION 3

8人がけの角テーブルで友人と食事をするとしたら、あなたはどちらの席に座りますか？

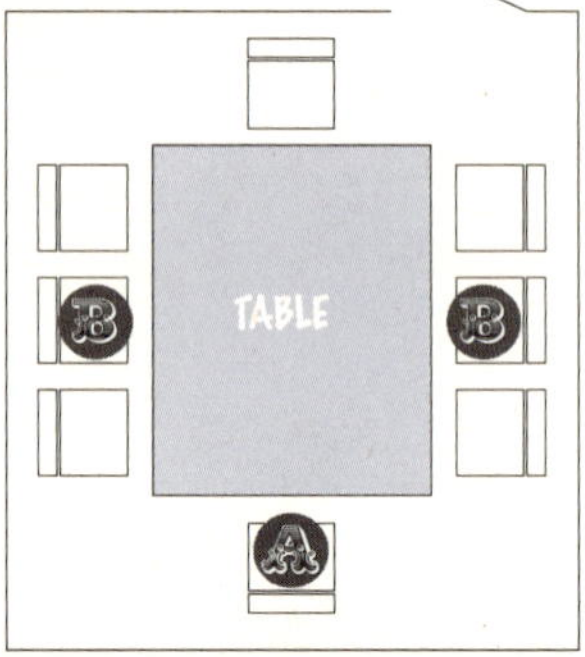

A 部屋の奥の短い辺にある席

B 長い辺の中央の席

QUESTION 4

部下や取引先などと話す際、どちらのテーブルを選びますか？

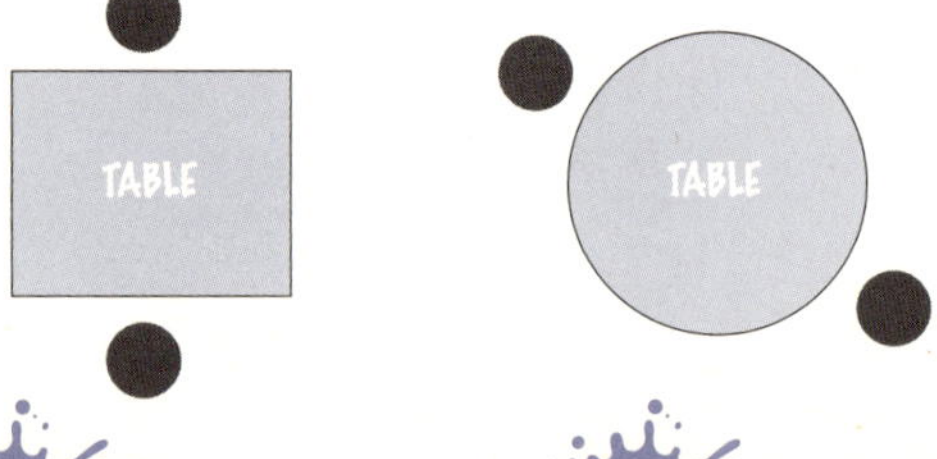

A 向かい合って座る角テーブル

B 斜め向かいに座る丸テーブル

QUESTION 5

あなたに専用の個室が与えられました。どのようにデスクを配置しますか？

A デスクを出入口に向けて、ドアに向かって座る配置

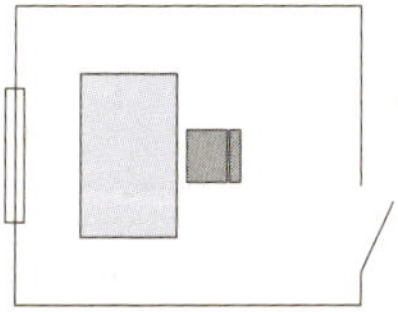

B デスクを窓に向けて、ドアを背にして座る配置

QUESTION 6

次の問いで、当てはまるものはいくつありますか？ 3つ以上当てはまったらA、2つ以下ならBとしてください。

- □ デスクの上や引き出しの中は、いつも整理整頓されている
- □ 他人のペンやメモ用紙などを使うことはない
- □ 自分のデスクの上に、他人の私物を置かれると不愉快だ
- □ パーテーションなどで、自分のデスクを囲いたい
- □ 各メンバーに専用のロッカーが必要だと思う

TEST 09

診断

このテストでは

あなたの「リーダーシップの発揮の仕方」がわかります。

A の数が多いあなたは

グイグイ型リーダー

マイペースなあなたは、話し合いなどでは強引に自分の意見を押し通してしまいがち。上下関係を重んじ、何より仕事を優先する権威的な人物といえます。「自分が率先して引っ張っていこう」という意識があるだけに、もっと周囲の人の意見に耳を傾けることを心がければ、より親しみやすいリーダーになれるはずです。

B の数が多いあなたは

じっくり型 リーダー

あなたはじっくり話し合うタイプで、メンバー全員の意見を尊重して人間関係を優先する人物です。そのため、さまざまな人から助言を求められたり、相談されたりする機会が多いでしょう。ただ、リーダーシップを発揮するタイプではないので、頼りなく思われがち。もう少し自己主張をすることが信頼感につながります。

AB が同数のあなたは

ほどほど型 リーダー

2つのタイプの中間型と考えられます。どちらもほどほどに兼ね備えていますが、中途半端だとどっちつかずの頼りないリーダーと見なされやすいので、バランスよく両方のよいところを取り入れるように心がけるとよいでしょう。

TEST

10

どんな寝相で眠っている?

あなたは普段、どんな寝相で睡眠をとっていますか?
自分ではわからない場合は、自分が一番寝やすい姿勢を想像してください。

A
横向きで丸くなる

B
横向きでひざを
軽く曲げる

C
うつぶせになる

D
あおむけになる

E
背中を丸めて
ひざまずく

F
横向きで
くるぶしを重ねる

G
胸のうえに手を置く

H
抱き枕などをかかえる

I
ひざをたてる

J
ふとんにくるまる

TEST 10

診断

このテストでは

普段の寝相から、あなたの「潜在的な欲求」がわかります。

A の寝相は

胎児型…自分のカラに閉じこもりがちな人物です。両親など、幼い頃から保護してくれた人などにずっと依存していたいという欲求があるのかもしれません。

B の寝相は

半胎児型…寝返りが打ちやすい寝相と同様、バランスがとれた性格。ストレスも貯め込まず、問題処理もスムーズにできる人物で心の底に秘められた欲求はなさそうです。

C の寝相は

うつぶせ型…約束や時間を厳守するなど、まじめで几帳面な性格。普段から口うるさいところがあるのですが、これは周囲に対して「もっときちんとしてほしい」と思っているため。

Dの寝相は

王者型…仰向けで手足を伸ばし、王者のような風格ある寝姿と同じく、自分に自信があり、スケールを感じさせる人物です。「そのままのあなた」でいればOKです。

Eの寝相は

スフィンクス型…すぐに戦えるような準備姿勢の寝姿。眠りが浅く不眠傾向にある人物に多く見られます。人間関係や自分の置かれた立場などで、何かと戦う必要性を感じているのかも。

Fの寝相は

クサリにつながれた囚人型…悩みやストレスを抱えていることが多い人物です。仕事やプライベート、人間関係などを改善したいと思っている可能性があります。

Gの寝相は

安らぎ型…体を守って安らぎたいと考えている姿勢。それだけに、肉体的な不満や悩みがあり、体のどこかを改善したいと考えている可能性があります。

Hの寝相は

抱きつき型…何かに抱きつくことで欲望を抑えつけている、欲求不満状態の人物です。理想と現実のギャップに悩んでいるケースも。

Iの寝相は

お山型…繊細で短気な性格の持ち主です。細かいことにこだわり、いつまでも根にもったり、後悔を引きずることも多いようです。

Jの寝相は

冬ごもり型…物事を多角的に考える思慮深い性格。時としてつまらないことでくよくよ悩み、落ち込んでしまうことがあります。

TEST

11

初対面の相手のどこを見る?

初対面の人と会った時、
あなたはまず相手のどこに
視線が行きますか?

A

かばん

B

シャツ

C

靴

D

相手の指先

TEST 11

診断

このテストでは

あなたは心の奥で「相手に何を期待しているか」がわかります。

A を選んだあなたは

かばんが象徴しているのは、期待と不安という相反する感情です。つまり、あなたははじめて会う相手に対して、ばくぜんと何かを期待しながら不安も感じているようです。相手をもっと知りたいと思っているのかもしれません。

B を選んだあなたは

シャツには、持ち主の心や魂が宿ると考えられています。つまり、あなたは他人を評価する際、見た目や持ち物など物質的な部分よりも、気づかいや心の美しさなど、精神的に安心できるかどうかを期待しているようです。

C を選んだあなたは

靴は、高貴さと富の象徴とされています。つまり、あなたは相手がいかにお金を持っているか、どんな地位に就いているかなど、相手の富や権力に期待を抱きがちな人物のようです。

D を選んだあなたは

指先がキレイなら生活感がない人で、手が荒れているなら家事や仕事に打ちこんでいる人など、相手の指先が気になるのは、相手の生活に関心を抱いているのと同様です。つまり、あなたはお金やものよりもお互いの人間関係や愛情に対して期待しているようです。

TEST

12

注文してから、どれだけ待てる？

あなたは、街のそば屋に入りました。
そこで、注文してから何分待たされると
「遅いな」とイライラしはじめますか？

A
3 分

B
8 分

C
12 分

TEST 12

診断

このテストでは

このテストではあなたの「他人に対する我慢度」がわかります。

Aの数が多いあなたは

我慢度 約20%

我慢度はかなり低めで、何事につけても自分の事情を最優先させるタイプです。端的にいうと、わがままな人物といえます。短気なところもあるので、もう少しゆったり構えたほうが、よい結果を生むことになるでしょう。また、他人の事情などにおもんばかるように心がけると、人間関係も良好に保てるはずです。

B

の数が多いあなたは

我慢度
約50%

我慢度は中程度で、ある程度、その場の状況に合わせることができる忍耐タイプです。比較的バランスのとれた精神状態なので、そのままの状態を維持するといいでしょう。ただ、我慢のしすぎはストレスを貯め込むことにつながるので気をつけたいところです。

C

が同数のあなたは

我慢度
約90%

我慢度はかなり高めで、何かにつけて相手の都合に合わせすぎる気後れタイプです。それだけに、人間関係などでも問題を抱えこみやすい傾向があります。日頃から、もう少し自己主張することをおぼえれば、心のバランスもとれ、精神衛生上にもプラスに働くと思われます。

TEST 13

花畑に咲き誇る花は何色?

頭の中で、たくさんの花が
咲き誇っている花畑を想像してください。
さて次のうち、何色の花が
真っ先に浮かびましたか?

A 赤

B 紫

C 黄

D 青

TEST 13

診断

このテストでは

好みの色から、あなた自身の「貫禄度」がわかります。

A を選んだあなたは

貫禄度 約90%

貫禄度はかなり高め。出世欲や権力欲が強く外向的な人物です。普段から積極的に行動することが多く、パワフルに自分をどんどんアピールしていく傾向があります。持ち前の自己主張の強さが裏目に出て、他人から敬遠されないように気をつけましょう。

B

を選んだあなたは

貫禄度
約50%

貫禄度はほどほど。自尊心が強く、神秘的で感覚的な雰囲気を持っています。人から見下されたり、バカにされたりすると激怒しやすく、高慢な印象を周囲に与えてしまうことも。また、高尚な趣味を持ち、芸術的な才能の持ち主ともいえます。

C

を選んだあなたは

貫禄度
約40%

貫禄度はやや低め。心の温かさと明朗な性格の持ち主ですが、つねに変化を求め、理想を追い求める傾向にあります。「これ」と決めたことに関しては勉学にいそしむ勤勉家で、時に頑張りすぎて周囲から浮いてしまうこともあるので、そこで空回りしないように気をつければ貫禄も自然と出てくるはずです。

D

を選んだあなたは

貫禄度
約30%

他人にはわかりずらい貫禄の持ち主かも。やや内向的な性格で客観的に物事をとらえて判断する傾向があるので周囲からの信頼も厚い人物です。時として言いたいことが言えず苦労する面もありますが、目標に向かって邁進するコツコツ型だけに、いつか貫禄がにじみ出ることに期待しましょう。

TEST 14

落ち着かないのはどの色の花瓶？

パーティーの景品で花瓶が当たりました。
形はいいのですが、色が好きではないので
飾っていても落ち着きません。
さて、この花瓶は何色ですか？

A
青

B
黒

C
赤

D
茶

E
紫

F
黄

G
緑

TEST 14

診断

このテストでは

あなたが「今の自分自身の価値(金額)」をどの程度に見積もっているかがわかります。

A を選んだあなたは

0円以下と見積もっています。悲観のどん底にいる精神状態と考えられ、「この世で自分ほど不幸な人間はいないだろう」という思いにとらわれているかも。

B を選んだあなたは

自分では高額をつけたいと思っています。上司などから命令されることを嫌がっている状態で、権力アレルギーがあり、自分の思い通りに物事を進めたいと考えているようです。

C を選んだあなたは

無価値と見なしています。「なぜ自分の努力が報われないのだろうか？」と強い挫折感か、自分ではどうしようもない無力感を抱いているようです。

D を選んだあなたは

周囲に自慢できる程度の金額を見積もっています。控え目なタイプで本心では「もっと目立ってみたい」と考え、周囲に認められたいという気持ちが強いようです。

E を選んだあなたは

金額ではなく精神性の高さを売りにしたいようです。無口で妥協をするのが嫌いな性格で、会社勤めなどのタテ社会や建前で生きることが苦手。自分の心に正直に生きている人物です。

F を選んだあなたは

10円くらいでしょうか…。現時点の自分の生活に対し、失望を感じているようです。夢や希望を持てないほどの暗い過去の経験を持っているのかもしれません。

G を選んだあなたは

億はイケルと見積もっています。周囲の人から認められていないと思っており、それは自分の責任ではなく「周囲に見る目がないのだ」と強く感じている状態です。

※どの答えを選んだとしても、あなたの価値は「プライスレス」です！

TEST

15

今夜、夢を見るなら？

あなたは今夜、眠りについたら
どんな夢を見たいと思いますか？

A

自分自身が
空を飛んでいる夢

B

遊園地でジェットコースターで
急降下している夢

C

好きな異性と
抱き合っている夢

D

大火事で人助けをする夢

E

おいしい食事を
とっている夢

TEST 15

診断

このテストでは

見たい夢から、あなたの「行動の熱血度」がわかります。

A を選んだあなたは

熱血度 そこそこ高め

熱血度はそこそこ高め。開放感を持って、「自由に行動したい」という欲望を抱いています。自由気ままに飛ぶ夢であれば現時点で気力と体力が充実し、自分らしく行動できると思っています。飛んでいて落ちそうな夢なら、現実世界で何かプレッシャーを感じている可能性があります。

B を選んだあなたは

熱血度 超低め

熱血度はマイナス。試験で悪い点をとってしまう、自分が取り組んだ仕事に対して低い評価を受けてしまうなど、現実の世界で何かを失ったり、ミスをしたりすることに対して不安を抱いています。あまり失敗を恐れることなく行動に移せるようにしましょう。

C を選んだあなたは

熱血度 かなり高め

熱血度はかなり高め。実生活に意欲的に取り組もうとしているのでそのまま進むのがよいでしょう。異性と抱き合うなどのセックスに関する夢は、性的な願望というより、新しいことやこれから取り組んでいこうとする時の意欲の表れと考えられます。

D を選んだあなたは

熱血度 満タン!

熱血度は満タン。ただ、水をさされてもくすぶらないように気をつけましょう。現時点で一時的な情熱にとらわれているようです。火に関する夢は心の中にある情熱さの象徴と考えられています。夢の中での火事の規模や被害の大きさについては特に意味はありません。

E を選んだあなたは

熱血度 低め

熱血度は低めですが、何かのきっかけで盛り上がるかもしれません。満たされなかった願望を心のどこかに抱いている可能性があります。願望の中身については名誉欲、金銭欲、性欲など、人によって違います。またたは、実際にお腹が空いている時などにもよく見るともいわれています。

TEST 16

あなたはどの説得に弱い？

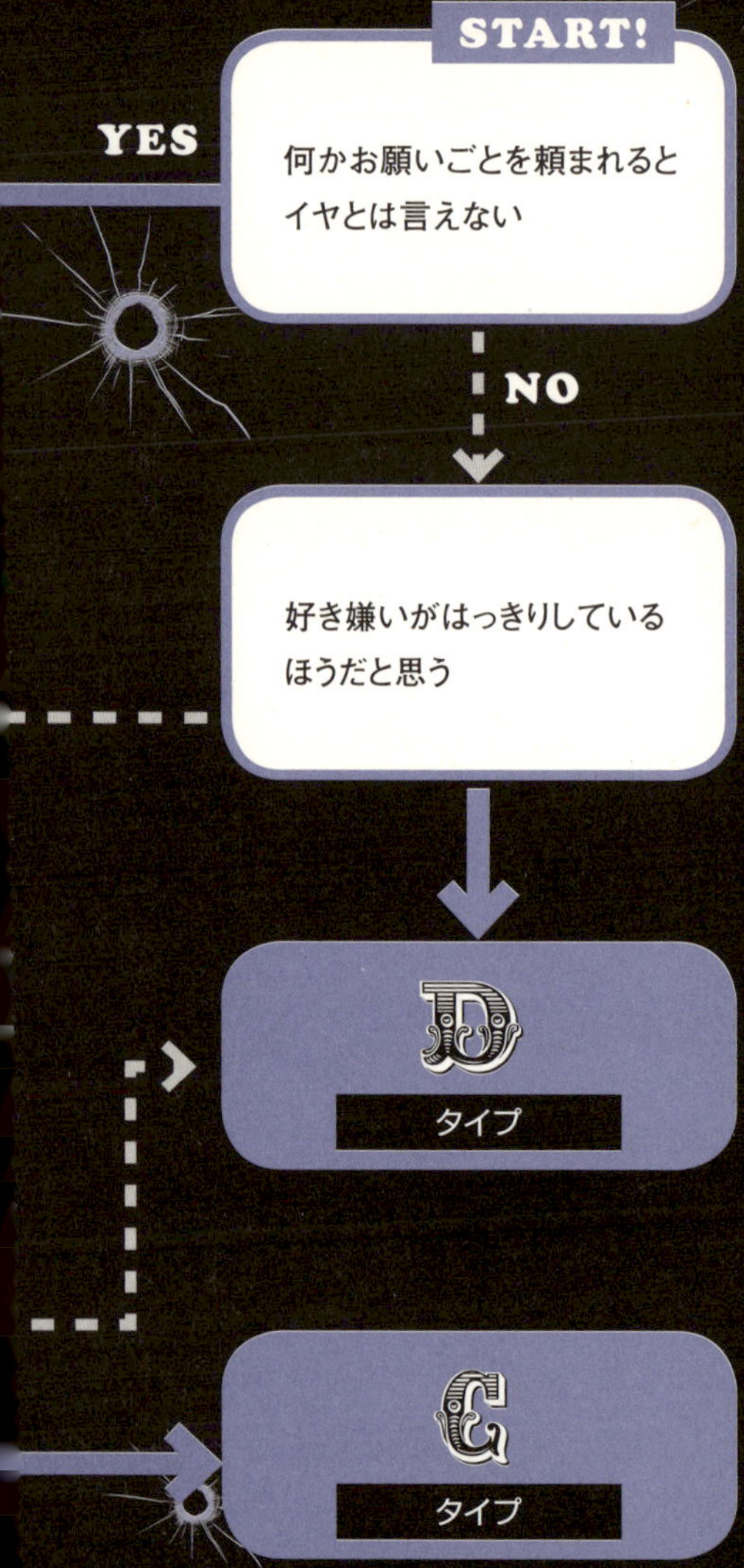

START!

何かお願いごとを頼まれると
イヤとは言えない

YES → Eタイプ

NO ↓

好き嫌いがはっきりしている
ほうだと思う

YES ↓ Dタイプ

NO → Eタイプ

Dタイプ

Eタイプ

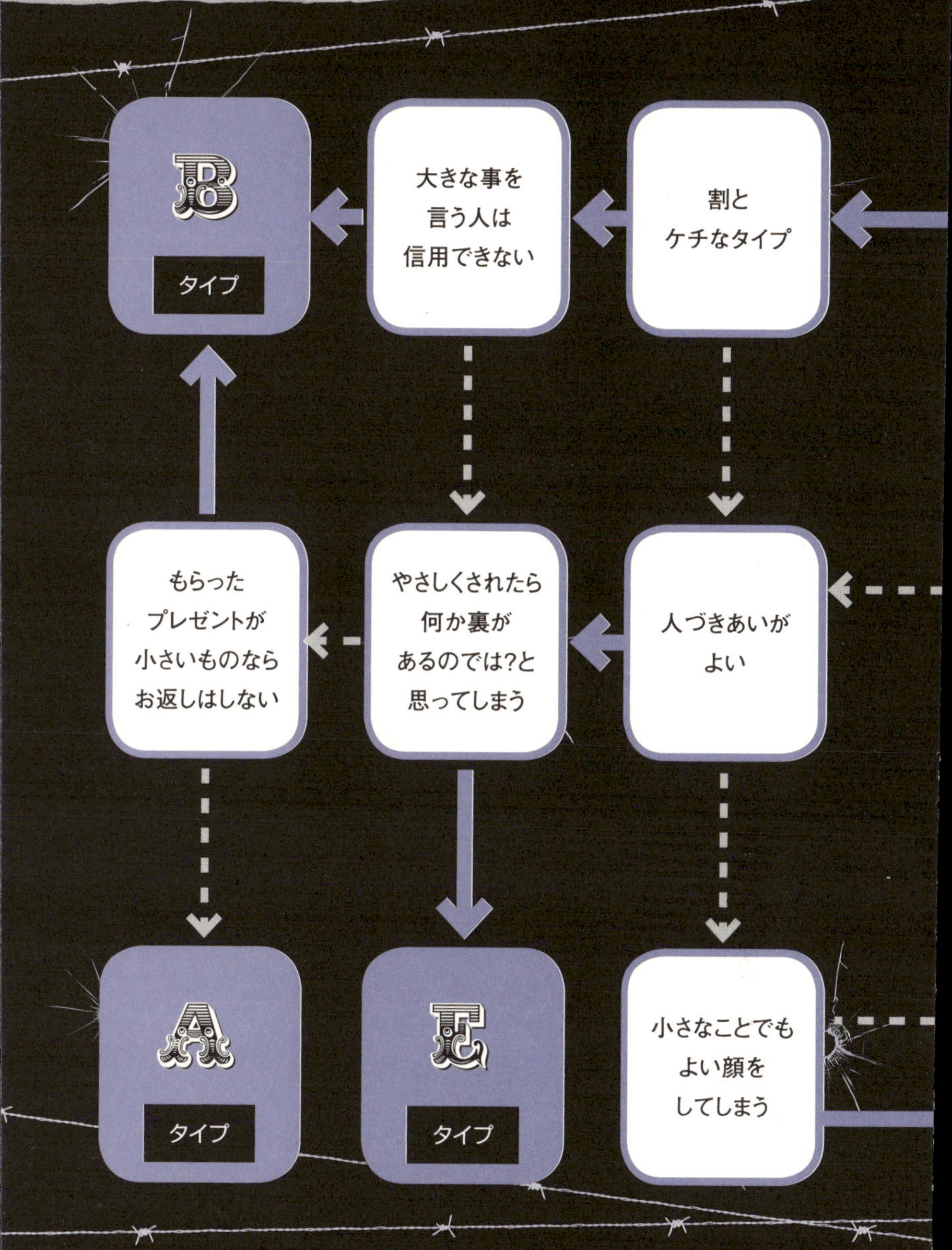
B
タイプ
大きな事を言う人は信用できない
割とケチなタイプ
もらったプレゼントが小さいものならお返しはしない
やさしくされたら何か裏があるのでは?と思ってしまう
人づきあいがよい
A
タイプ
E
タイプ
小さなことでもよい顔をしてしまう

TEST 16

診断

このテストでは

あなたが「説得されやすい（だまされやすい）テクニック」がわかります。

A

タイプのあなたは

フット・イン・ザ・ドア・テクニックに弱いタイプです。「千円貸して」→「OK」→「やっぱり1万円貸して」→「…いいよ」のように一度簡単な要請に答えてしまうと次の難しい要請に対しても断りづらくなり、つい受けてしまうという手法です。

B タイプのあなたは

ドア・イン・ザ・フェイス・テクニックに弱いタイプです。「10万円貸して」→「無理」→「じゃあ、3万円ならいい?」→「…いいよ」のように最初に大きな要請をして、一度拒否されたら小さな要請に切り替えることで相手に断りづらくしてしまう手法です。

C タイプのあなたは

ロー・ボール・テクニックに弱いタイプです。「利息2割つけるから1万円貸して」→「OK」→「やっぱり利息1割でいい?」→「…いいよ」のように最初に好条件を提示して相手の承諾を得れば、多少悪い条件に変えても相手は断りづらくなるという手法です。

D タイプのあなたは

片面提示(一面提示)の説得に弱いタイプです。「この商品は斬新で画期的なんです」→「ほう」→「しかも今だけ大特価です」→「買った!」というように主張したい内容について、賛成論や利点のみを提示して相手を説得する手法です。

E タイプのあなたは

両面提示(二面提示)の説得に弱いタイプです。「画期的な商品です」→「ほう」→「しかし型落ち品です」→「そう?」→「でも今だけ大特価です」→「買った!」のように主張したい内容について、利点と問題点の両方を提示して相手を説得する手法です。

TEST 17

あなたのせっかち度チェック

次の文章を読んで、
自分について当てはまるものに
チェックを入れていきましょう。
最後に、チェックした数を数えてください。

■ 歩くのは速いほうだ

■ 愚痴や泣き言を口にしている人にはイライラする

■ 椅子に座る時は、端のほうに浅く腰かける

■ ぼそぼそした声でささやくような話し方をすることはない

■ たじろぐことなく、相手の目をしっかり見て話すことができる

■ 話す時に手足をせわしく動かしたり、体をゆすったりすることが多い

■ 口を大きく開けて、大笑いすることがない

■相手が思い通りに動かない時は、自分でやってしまうほうだ

■握りこぶしをつくったり、人差し指を使ったジェスチャーをしがちだ

■つまずいたり、ものを落としたりすることがよくある

■力を込めて握手をしたり、力強く相手の体を叩いたりすることがある

■大きく、力強い声で話すほうだ

■時計をしょっちゅう見ている

■言葉と言葉の間に休息を入れず、まくしたてるように話すことが多い

■ 時々、歯を食いしばっていたり、歯ぎしりをしたりすることがある

■ ゆるんだ表情が出ないようにつねに意識している

■ 目が生き生きしていて精力的なほうだと思う

■ じっと待つのは苦手なほうだ

■ 新聞や雑誌は必要なところだけ拾い読みする

■ 突然、暇になると困惑してしまう

■ じれったくて相手の話を最後まで聞いていられないことがある

TEST
17
診断

このテストでは

あなたが将来、「心臓の病気にかかりやすいかどうか」がわかります。

チェックした数が15以上であれば「タイプA性格」、14以下であれば「タイプB性格」と考えられます。

タイプA・タイプB性格とは

アメリカの精神科医ローゼンマンとフリードマンは、心臓病になりやすい性格の人を「タイプA」と名づけました。タイプAに該当する人物の行動パターンは、「精力的に動きまわる」「時間に追われている」「せかせかしている」「競争好き」「敵愾心《てきがいしん》が強い」「攻撃的である」というもので、せっかちな性格の持ち主に多いと考えられています。総じてせかせかと行動する人は、一見、時間を合理的に使っているようですが、実際は忙しく動きまわっているだけで能率的でないケースも多く見られます。いつもせわしなく動いているせいで、ストレスや疲れも貯まりやすく、臨床統計学的にも心臓の病気や高血圧になりやすいと考えられています。

反対に、のんびりとマイペースな人は「タイプB」と呼ばれています。いつも心にゆとりがあり、ストレスとは無縁なため、そのような病気にもかかりにくいとされています。

自分がタイプAに該当したら、創造的なアイデアやひらめき、円滑な人間関係は、つねに心の余裕から生まれることを自覚して、行動パターンの改善を心がけたいものです。

TEST 18

あなたの競争意識度チェック

次の文章を読んで、
自分について当てはまるものに
チェックを入れていきましょう。
最後に、チェックした数を数えてください。

■ 競技をする際は、勝つことが大切だと思う
■ どんなグループの中でも1番になりたいと思う
■ 勝敗がはっきり決まるスポーツやゲームが好きだ
■ 自分より魅力的で能力の高い人に会うと不愉快になる
■ 他人と競争する時のスリルが好きだ
■ 自分は負けず嫌いだと思う
■ 他人に挑戦されるとやる気がわいてくる
■ 勝負に負けたら、次はもっと頑張らなくてはならないと思う
■ 負けても笑っているような人は、やる気がない人物だと思う
■ 勝つためだったら、どんな犠牲を払ってもいいと思う

TEST
18

診断

このテストでは

チェックの数から、あなたの「他人への対抗心タイプ」がわかります。

チェックの数が
7以上
のあなたは

格闘ゲーム大好きタイプ

競争相手を打ち負かすこと自体に喜びを見出している競争こそ生きがいの人物です。周囲からは「やる気がある」と見なされますが、他人に勝つことだけを目標にして優越感を得ても、自分の仕事に対する満足度は高まりません。自分の行動や仕事にプライドを持って、自分だけの夢を見つけたほうが人生は楽しくなるはずです。

チェックの数が

6～4

のあなたは

人生ゲーム大好きタイプ

ボードゲームを楽しむくらいの人並みの競争心があり、競争相手に勝てばうれしいのですが、勝つことだけが目的というタイプではないようです。勝負事に関わらず、何事に際しても無難な行動をとるので人間関係の摩擦は生まれにくいはずです。ただ、もう少し積極性を発揮したほうが、周囲からの評価は高くなると思われます。

チェックの数が

3以下

のあなたは

オフラインRPG大好きタイプ

競争する局面をなるべく避けようとする人物です。集団でするチームスポーツより、昔のドラクエのように一人で黙々と楽しめるゲームを好みます。周囲からは「やる気がない」と思われがちですが、自分の目標達成に向けて地道な努力をする人なので、時には周囲にわかりやすくやる気をアピールしたほうがよい結果を生むはずです。

TEST 19

あなたの積極性・消極性テスト

日々生活しているだけでもさまざまな出来事に遭遇します。そんな時、あなたはどう行動し、どう感じますか？　それぞれの文章を読んで、自分に当てはまる項目を選び、その末尾にある得点を合計してください。

QUESTION 1

雨上がりの朝、出勤の道すがら、道路の泥水を通りがかりの車にはね飛ばされ、洋服を汚されてしまいました。あなたはどうしますか?

A 「自分は運が悪い」と1日沈んだ気分で過ごす(1点)

B 「たいしたことじゃない」と思う(2点)

C 「クリーニング代を請求してやる」と車のナンバーをおぼえておく(3点)

点

QUESTION 2

仲よしグループの中で、自分だけが旅行に誘われなかったら、あなたはどうしますか?

A 自分でもやりたいことがあったので誘われなくて好都合だったと思う(2点)

B 自分に落ち度があって敬遠されたのかもしれないと思う(1点)

C ただの連絡ミスだと思って問いあわせる(3点)

点

QUESTION 3

就寝中の真夜中に、間違い電話がかかってきました。その時、あなたはどうしますか?

A 「番号違いです」と教え、かけた先を知っていたら教えてあげる(3点)

B 「誰にでもありますよ」と答え、すぐに寝る(2点)

C 「何時だと思ってるんだ!」とガチャッと受話器を置く(1点)

点

QUESTION 4

友人と待ち合わせた際、約束より30分経っても現れず、雨も降ってきました。その時、あなたはどうしますか?

A 「私はいつも待たされ役だな」と思う(1点)

B 「何か急用ができたのかも?」と連絡をとる(3点)

C 何かあったかもしれないが、待つのは苦にならないので待つ(2点)

点

QUESTION 5

あなたはいつかスターになりたい、あるいは何かのスペシャリストとして第一人者となりたいと思いますか?

A はい(3点)

B どちらともいえない(2点)

C いいえ(1点)

点

QUESTION 6

あなたは習い事やスポーツなど、何事にも他人よりうまくこなしたいと考えるほうですか?

A はい(3点)

B どちらともいえない(2点)

C いいえ(1点)

点

QUESTION 7

あなたは休日には外出して、新しいものや珍しいものを見聞きすることが好きなほうですか?

A はい(3点)

B どちらともいえない(2点)

C いいえ(1点)

点

QUESTION 8

あなたはやりかけた仕事など、満足できる段階までやり遂げるほうですか?

A はい(3点)

B どちらともいえない(2点)

C いいえ(1点)

点

QUESTION 9

あなたはファッションなどに関していつも流行に気をとめて、取り入れるようにしていますか?

A はい(3点)

B どちらともいえない(2点)

C いいえ(1点)

点

QUESTION 10

あなたはいろいろな職業の人やタイプの人と会って話すのが苦手ですか?

A はい(1点)

B どちらともいえない(2点)

C いいえ(3点)

点

TEST 19

診断

このテストでは

あなたの対人関係における「積極性」と「消極性」がわかります。

合計点が

10～16点

のあなたは

消極性高し!の
ヒツジ
タイプ

何か起きる度にその原因を「運が悪い」「私の能力が足りないからだ」と考えがちで、自分を変えることに消極的です。ヒツジのようにおとなしく控え目な性格で、すぐに「悪いのは自分だ」と思い込む内罰的な側面があります。日頃から視野を広く持つように心がけ、少しずつでも自分を変えていく努力を続ければポジティブに成功をつかめそうです。

合計点が
17～23点
のあなたは

現状に満足!の カピバラ タイプ

温泉に心地よさそうにつかっているカピバラのように、現在の自分自身や置かれた状況にほぼ満足している人物です。とはいえ、言動を自分の意志で決めているうちはいいのですが、周囲の意見や圧力などに動揺することが多くなったら、現状に対して知らず知らずのうち不満が芽生えている可能性もあります。

合計点が
24点以上
のあなたは

積極性高し!の ライオン タイプ

陸の王者ライオンのように自分に自信があり、大概のことを自分一人でこなせ、他者に対する働きかけも上手にできる人物です。また、自分の成長のためなら、言動や生き方を変えることも厭いません。ただ、変化を求めすぎると「移り気な人」と見なされることも多いので、時として自分を見直す時間を持つようにすればさらなる成功につながるはずです。

TEST 20

あなたの趣味からわかること

あなたが取り組んでいる趣味は次の中にありますか？　ある場合はそれを選び、ない場合は「これからはじめたい」と思えるものを選んでください。

A ゴルフ

B 野球

C アンティーク収集

D 麻雀

E 散歩

F 食べ歩き

G 読書

H いろいろな趣味を持ちたい

TEST 20

診断

このテストでは

あなたの「自分大好き度」がわかります。

A を選んだあなたは

自分大好き度は高め。ゴルフはビジネスのつきあいで使われる機会が多いだけに、現実的なバランス感覚のある上昇志向の高い人物と考えられます。

B を選んだあなたは

子供の頃の自分が大好き。子供の頃にかなえられなかった欲求を晴らしている人物です。少年時代の「貸し」を返してもらっている状態にあるといえます。

C を選んだあなたは

自分大好き度は低め。人から評価をされているものを手に入れたがるのは自分自身も「高く評価されたい」という願望の表れです。愛情に飢えている可能性も…。

D を選んだあなたは

自分も他人も同じくらい大好きな外向的タイプ。仲のいい人と勝ったり負けたりを含めて勝負事を楽しめる、コミュニケーション好きな人物といえます。

E を選んだあなたは

自分大好き度は中程度。季節の移り変わりや自然の情景を楽しめる散歩好きな人物は、自分の気持ちをコントロールしようと無意識のうちに努力しています。

F を選んだあなたは

自分大好き度は高く、周囲にも自分を認めてもらいたいと思っています。グルメの知識を得ることで、食べ物について「自分が一番詳しい」と思いたい自己顕示欲の強い人物と考えられます。

G を選んだあなたは

本質は自分・他人を問わず人間大好きタイプなのですが表面上は外向的に見えません。他人の心や人の価値観を理解したいという気持ちが強い人物といえます。

H を選んだあなたは

自分大好き度は超高め。趣味をコロコロ変える人は「飽きっぽい」というよりは自分を楽しませるのが上手なタイプ。人生の楽しみ方を知っている人物ともいえます。

TEST

21

あなたの敏感度・鈍感度チェック

次の文章を読んで、自分について当てはまるものにチェックを入れていきましょう。最後に、表に記したそれぞれの設問の得点を合計してください。

1 初めての店に入った時、あなたはどうしますか?

A 店の中や他の客の様子を見てから席を決める □

B 近くに空いている席があれば、迷わずそこに座る □

2 突然、人前でのスピーチを頼まれたらどうしますか?

A 「突然、言われても困る」と言って断る □

B 「簡単なスピーチだったら…」と言って引き受ける □

3 本や音楽などを選ぶ時、あなたはどちらの傾向にありますか?

A 自分の気に入ったものを買う □

B 友人の意見を聞いてから買う □

4 苦手な人と同席した時、あなたはどちらの傾向にありますか?

A 不愉快な気持ちを抑えて、楽しそうに話す □

B 不快そうな表情で、必要なこと以外は話さない □

5 上司に自分の意見を言う時、あなたはどちらの傾向にありますか?

A 確信があることだけ口にする □

B 意見を通すために、話を大げさに言うこともある □

6 あなたはゴルフが得意ではありません。もし、上司からプレーの同伴を誘われたどうしますか?

A 下手でもとりあえずつきあう □

B 「できません」と言って断る □

7 パーティや宴会の時、あなたはどちらの傾向にありますか?

A 一発芸をしたり、歌ったりして、その場の雰囲気を盛り上げようとする □

B 飲んだり食べたりをしながら、近くの人と雑談をする □

8 接待をしなければならない時、あなたはどちらの傾向にありますか?

A お世辞を言ったり、相手が関心を抱きそうな話をしたりして、接待する □

B 特に相手が気に入るようなふるまいはしない □

9 俳優になったとしたら、あなたはどんな役者になると思いますか?

A 演技派の役者になれる □

B 大根役者にしかなれない □

10 会議であなたの企画をプレゼンする時、どんな話し方をしますか?

- A 特に目立ったことはせず、実直に確実な資料を基に説明する □
- B 自己PRの機会とばかり、多少演技を加えながらその企画のよさをアピールする □

11 友人と一緒に映画を見た後、どんな話をしますか?

- A 感動や面白かった点をオーバーに話す □
- B 感動をありのままに話す □

12 知らないことを他人からたずねられた時、あなたはどちらの傾向にありますか?

- A 知っているような雰囲気を醸し出し、関係のありそうなことをあれこれ話す □
- B 「よく知りません」と正直に話す □

13 高級レストランで料理を決める時、あなたはどちらの傾向にありますか?

A メニューを見て決める ☐

B 友人や店の人の説明を聞いて決める ☐

14 仕事をさぼっている人を見かけた時、あなたはどちらの傾向にありますか?

A すぐに注意する ☐

B 本人の自覚にまかせる ☐

15 人から悩みを打ち明けられた時、あなたはどちらの傾向にありますか?

A 冷静に受け止め、自分の考えを話す ☐

B 共感していることを言葉や表情に出して、精いっぱい伝えようとする ☐

	1	2	3	4	5	6	7	8	9	10	11	12	13	14	15	合計
A	1	0	0	1	0	1	1	1	0	0	1	1	0	0	0	
B	0	1	1	0	1	0	0	0	1	1	0	0	1	1	1	点

TEST
21

診断

このテストでは

あなたの「心臓の毛の生え方」がわかります。

合計点が

11 点以上

のあなたは

ツルツル心臓タイプ

つねに周囲の状況に気を配りながら自分の行動を決めるような過敏な性格だけに心臓に毛は生えていません。人間関係でも相手を不愉快にさせないように気をつかいがち。人前では自分の魅力をアピールするために、オーバーな演技や話を大げさに言う時もあります。当てはまる人は、ストレス過多に注意しながら、新しい環境に適応しやすいという長所を伸ばすように心がければ、ほどよく心臓にも毛が生えてきそうです。

合計点が

6～10点

のあなたは

産毛心臓タイプ

周囲の環境の変化を敏感にとらえたり、他人の気持ちを理解したりするのが得意な性格だけに心臓には産毛が適度に生えていそうです。新しい環境に溶け込むのも早く、初めての人とのつきあいも無難にこなせます。時として「八方美人」と見なされることもあるので注意が必要ですが、気配りと人あしらいの上手さから周囲からの評価は高い人物といえるでしょう。

合計点が

5点以下

のあなたは

剛毛心臓タイプ

周囲の変化や他人の気持ちに興味がない性格だけに心臓は毛だらけの剛毛状態です。何事にもマイペース。どんな時でも自分の思うようにふるまったり、考えたりするので、ストレスを感じにくいタイプといえます。とはいえ、いつも独りよがりでは他人と健全な人間関係は築けません。もう少し身辺の出来事に反応できるとさらによい結果を生みそうです。

「声」からにじみ出るあなたの性格

声には人の性格がにじみ出てくるもの。
話の内容だけでなく、声のトーンも
聞き手に与える印象を左右します。

声	性別	性格
低くて太い声	♂	気取り屋で現実的な人物。適応力が高い。
	♀	男性的で野暮。あまり感情を表に出さない。
力のない声	♂	特に性格との相関関係はない。
	♀	社交性があり豊かな感受性を持つ。精神的に未熟な面も。
息が混じる弱い声	♂	芸術家肌で幼稚なところがある。
	♀	女性的で陽気。興奮しやすく軽薄な部分も。
鼻にかかる声	♂♀	男性、女性ともに人をあまり信用しない。社会的に望ましくない性格の持ち主の可能性もある。

声		
緊張した声	♂	ケンカっ早く、自分の我を通すタイプ。
	♀	感情的で興奮しやすい。理解力に乏しいところも。
速度が速い声	♂♀	男性、女性ともに快活で外向的なタイプ。
はっきりとした声	♂	エネルギッシュでプライドも高い。健康的で面白い人物。
	♀	生き生きとして社交的。美的センスがある。
メリハリがある声	♂	女性的で芸術家肌。精力的でもある。
	♀	精力的で明るく、社交的な性格。
平板な声	♂♀	男性、女性ともに男性的で無精《ぶしょう》。冷淡で引っこみ思案。

「顔のパーツ」からわかること

顔のパーツにはその人の気質や性格が表れます。
大きさや形の中にもさまざまな情報が秘められているのです。

目のタイプからわかること

大きい目

好奇心旺盛で勉強熱心な行動派。責任感も強いが、せっかちで計画性がなく、取り越し苦労をすることも多い。

小さい目

物事を見定めてから慎重に行動するタイプ。きちんと目標を立て、着実に進んでいくコツコツ型の人が多い。

下がり目

温和でやさしく、心の広さを持つ。他人に尽くすタイプでもあるが、積極性はあまりない。

つり目

喜怒哀楽を表に出しやすく、明るい性格。勇気があり、積極的で自信家な部分も持つ。

鼻のタイプからわかること

鼻筋が通っている

知性にあふれ、人にも感じよく接するなど、親しみやすい性格の持ち主。

鼻の穴が小さい

知的ではあるが、物事に対してあまり積極性はなく外向性も低い。

低い鼻

チャンスがきても一歩引いてしまうことがある消極タイプ。控えめな部分がかえって周囲に気に入られることもある。

高い鼻

プライドが高く、自信家。何事に対しても積極的だが、鼻の形同様「天狗」になりやすい傾向も。

口・唇のタイプからわかること

薄い唇

自分に利益がなければ早めに見切りをつけてしまうなど、理性的に行動するタイプ。何事にも冷静で合理的。

厚い唇

情熱的で恋に落ちると一気に燃え上がるタイプ。仕事への責任感は強く、愛着を感じると最後までやり抜く。

大きい口

周囲を明るくするエネルギーを持ち、活発で行動的なタイプ。口も達者で社交的だが、深慮に欠けるところもある。

小さい口

バイタリティに欠け、おとなしいイメージ。控え目で引っこみ思案なところはあるが、気づかいができるタイプ。

第2章

他人の本性を暴き出す「腹黒ワザ」テスト

この章では、他人の心を
読むテストをします。
身近な友人や知りあいが
何を考えて行動しているかを
こっそり暴き出し、
ほくそ笑んでやりましょう。

TEST

01

会話の中で、どの言葉が一番多い？

まず、あなたが心を覗いてみたい相手を
思い浮かべてください。
さて、その人物は普段の会話の中で、
次のうちどの言葉をよく使いますか？

A だから

B でも／だって

C ～みたいな

D 別に

E とりあえず

F どうせ

TEST
01

診断

このテストでは

普段の口癖から、相手の「無責任度」がわかります。

A

をよく使う相手は

無責任度
約10%

無責任度は低め。自己主張が多く理屈っぽい人物です。「だから、言った通りでしょ」のように自分の主張を強める時に使われるだけにリーダータイプか目立ちたがり屋が多用しがちな言葉です。

B をよく使う相手は

無責任度
約90%

無責任度はかなり高め。言い訳が多く、正当な理由もなく人のやることや意見にケチをつけるタイプです。「でも」や「だって」はD言葉とも呼ばれ、自分の言動や行動に無責任な人物に多く見られます。

C をよく使う相手は

無責任度
約60%

無責任度は中の上程度。自己主張の苦手なタイプで、争い事を避けるため、相手に合わせがちです。人間関係を円滑に進めたいと思いつつ、逃げ道をしっかり用意しておくような腹黒さもあります。

D をよく使う相手は

無責任度
約40%

責任感があるようなないような無責任度は中の下。「気分でも悪いの?」「…別に」というような口癖の人はマイペースで協調性に欠けます。社会生活を送る上でのマナーをきちんと教わらなかった人物に多く見られます。

E をよく使う相手は

無責任度
約70%

無責任度はそこそこ高め。自分の言動や行動に自信が持てない人物で、周囲に対して頼りないという印象を与えてしまいます。自分に確固とした自信がないために防衛反応としてこの手の言葉を使います。

F をよく使う相手は

無責任度
約50%

無責任度は中程度。自己愛が足りない人物です。自分の人生に対してどこか無関心で投げやりな態度です。何事に対しても消極的で現実逃避的ですが、他人に対して依存心が強い傾向にあります。

TEST

02

2人で話す時、相手はどの席に座る？

まず、あなたが心を覗いてみたい相手を思い浮かべてください。

あなたはその人物と2人で話すことになりました。先にあなたが座ったとして、普段、相手はどの席につきますか？

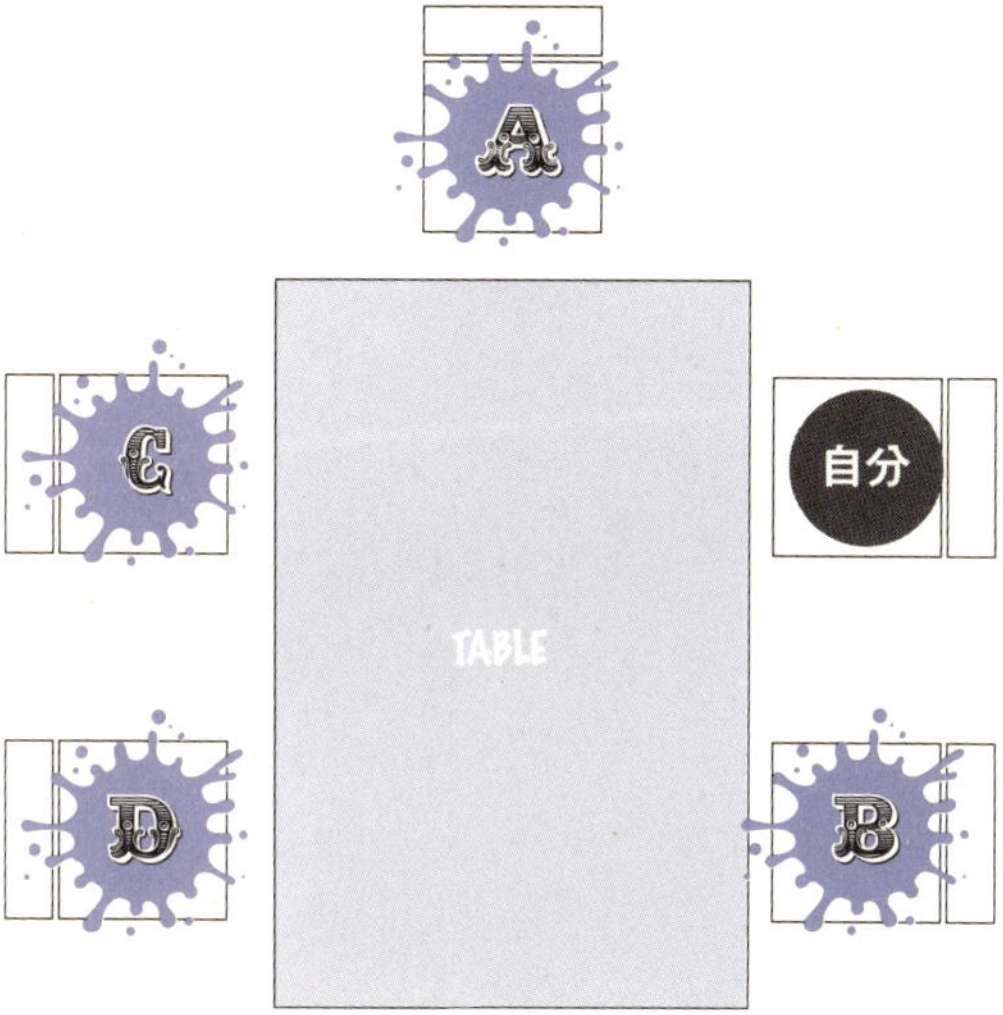
A
C
自分
TABLE
D
B

TEST
02

診断

このテストでは

相手の席の選び方により、「あなたとの心の距離」がわかります。

A

の位置の場合

心の距離は
約50cm

この座り方は、お互いにリラックスして会話ができる位置関係です。それだけに、気軽な雑談や世間話などを交わす時に向いています。相手はあなたに対して、親近感を抱いている座り方といえるでしょう。

B の位置の場合

心の距離は
約5cm

お互いが隣り合うように腰かける場合、これは共同作業をする時などに向く座り方です。特に体の接触が起こりやすいのですが、そんな時でも不快に感じないと思えるほど、あなたを親しい間柄と見なしているようです。

C の位置の場合

心の距離は
約10m

いわゆる一般的な座り方です。また、対立や競争している相手同士、あるいは相手を説得したい時や深刻な話題の時などにも相手の真正面の席を選びやすいとされています。親しい間柄の人同士であれば、そのような話題の可能性も考えられます。

D の位置の場合

心の距離は
約1km以上

一番、疎遠な間柄の座り方です。別々の作業をする時の位置であり、話し合いには不向きといえます。もし、話をする際に相手がこの位置をとるようだったら、あなたとの間に心の距離があり、対立を前提としているケースが考えられます。

TEST

03

あなたの上司はどんな叱り方？

あなたが思い浮かべた上司は、
次のうちどのような叱り方をしますか？

A

部下のデスクの脇で
見下ろしながら叱る

B

部下を自分のデスクに
呼びつけて
立たせたまま叱る

C

人目につかない場所に
呼び出して
お互い座って叱る

TEST 03

診断

このテストでは

叱り方の目線の位置から、上司の「自己保身度」がわかります。

A

の叱り方をする上司は

自己保身度
MAX

上下関係を重視する人物で、つねに相手が自分より低い位置にいるのが当然と考えており、心の中で見下しています。また、自分の権威を利用して、部下を思い通りにコントロールしたがります。自分のことだけしか頭になく、たとえ部下がミスをおかしてもかばうことはせず自己保身に走るタイプです。

B

の叱り方をする上司は

自己保身度
かなり高め

「自分の地位が絶対的である」と確信しているような人物で、自分は座ったままで、下から部下を仰ぐように見て叱ります。部下は自分の持ち駒のようにしか考えておらず、社内の出世競争などでも自分の形勢が悪くなると見るや、簡単に捨て駒として使うこともあります。

C

の叱り方をする上司は

自己保身度
極めて低め

部下を思って叱っていることが伝わってくる理想的な上司といえます。わざわざ人目のない場所へ呼び出すという、他人に対する気づかいもできる有能な人物と考えられます。お互い立ったまま、座ったままなど、目線を同じ高さに保ちながら相手を叱責するということは部下と自分を同格と見ている証拠です。

TEST

04

初対面の相手はどんな握手をしてきた？

あなたが心を覗いてみたい相手との初対面の場面を思い浮かべてください。さて、はじめて会った際、その人物と握手をしました。相手はどう握ってきましたか？

がっちりと握った

ゆるやかに握ってきた

手に汗をかいていた

TEST
04

診断

このテストでは

握手の仕方から、初対面の相手の「腹の内」がわかります。

A

の握手をする相手は

共同作業大好きタイプ

がっちりと人の手を握る人は、あなたと一緒に何かをしたいという好意を表しています。強く握る握手は、熱心さや相手に対する好意、温かい気持ちなどのサイン。じっと相手の目を見ながら、ギュッと強すぎるくらいの力で握ってきたら、「あなたには負けないよ」というライバル心の意思表示の可能性もあります。

B の握手をする相手は

人づきあい敬遠タイプ

力なく手を握ってくる人は、あまり他人と親しくなりたくないと考えています。このタイプの人物は、基本的に人とつきあう際は、つねにある程度の距離を置きたがります。仕事上のつきあいなどでも、なるべく他人と深く関わることを避ける傾向にあるので、Aのような強い握手するタイプから見れば物足りなく感じます。

C の握手をする相手は

人見知りタイプ

握手の際、手のひらに汗をかいている人の多くは人見知りです。一見するとエネルギッシュで外向的な親分肌の人物なのですが、本当のところは小心者。人の意見などにも気にかけるタイプです。初対面の相手には特に緊張しがちで、他人との距離感がうまくつかめず、時として極端な行動をとることもあります。

TEST

05

あの人の金銭感覚は？

まず、あなたが心を覗いてみたい相手を思い浮かべてください。次にその人物の金銭感覚を思い出してください。次のうち、どのタイプに属しますか？

A

いつもワリカンにする

B

金融商品や金融知識などに
詳しい

C

借金してまで欲しい物を
手に入れがち

D

お金持ち

TEST 05

診断

このテストでは

金銭感覚により、相手の「不安解消パターン」がわかります。

A

の金銭感覚の相手は

自力で解消タイプ

いつもお金をワリカンにする人は、自尊心が高い人物といえます。他人に頼りたくないという気持ちが強く、おごったりおごられたりという行為が好きではありません。仕事でも一人で頑張ることで不安を解消しているところがあるようです。

B の金銭感覚の相手は

貯め込んで解消タイプ

お金に関する知識が豊富な人物は、根っからの心配性と考えられます。無意識のうちにお金をはじめ、何かを貯め込むことで不安を解消しようとしています。実際の消費行動を見ると、意外と無駄づかいが多いタイプです。

C の金銭感覚の相手は

消費で解消タイプ

クレジットカードなどを多用して欲しいものを手に入れる人物は、基本的に楽天的な性格です。お金を使うことが喜びで、目先のことだけを考える傾向にあります。心の中を覗くと強いストレスを感じており、買い物で不安を解消しているケースも考えられます。

D の金銭感覚の相手は

ゆとりタイプ

本当のお金持ちは、無駄なものにお金を使わず、本当に必要なものへの出費は惜しみません。つねに収入の範囲内で生活できるようにお金を管理できる人物です。メリハリのあるお金の使い方ができるなど、いつも心に余裕があるので不安にとらわれる人は少ないはずです。

TEST

06

会話中、相手の手の位置はどこ？

まず、あなたが心を覗いてみたい相手を
思い浮かべてください。
あなたは、数人で立ち話をしています。
会話中、その人物の手は
次のどの状態でしょうか？

片手を相手の方に
突き出して話している

片手を後ろに
まわしている

腕を組んでいる

両手を腰にあてている

両手を後ろに
まわしている

TEST
06

診断

このテストでは

会話中の手の位置により、相手の「自己中心度」がわかります。

A の状態の場合

自己中心度は
かなり高め

会話中、相手に向かって片手を突き出しながら話をする人物は、その場の主導権を握りたいと思っています。この手のしぐさは、他人に対して支配的な感情のサインといえ、自己顕示欲の強いタイプに多く見られます。

B の状態の場合

自己中心度は
極めて低め

会話が盛り上がっている最中でも、片手を後ろにまわしている人物は、その場であまり目立ちたくないと考えています。基本的に控え目な性格で、たとえ役職に就いていたとしても、他の人からは地位が低く見られがちです。

C の状態の場合

自己中心度は
中程度

会話中に腕を組んでいる人物は、不安を抱いている、あるいは緊張状態にあります。普段から自己防衛タイプで、自分自身のことについて他人にさらけ出すようなことはなく、あまり自己開示をしない人物と考えられます。

D の状態の場合

自己中心度は
MAX

立ち話をしている最中に、両手を腰にあてて聞いている人物は、まさに自己中心的な心理状態にあります。周囲から見れば横柄な態度であるにも関わらず、この姿勢でいることに何の疑問も感じていないため、性格的にもわがままといえるでしょう。

E の状態の場合

自己中心度は
ほぼゼロ

会話の間、両手を後ろにまわしている人物は、非常に控え目な状態です。手を体の後ろにまわすというのは、自分を縛るポーズです。これは「あなたの思い通りになります」とアピールするのと一緒であり、周囲からは弱弱しく地位が低い人物と見なされがちです。

TEST

07

相手はどんな靴を履いている?

まず、あなたが心を覗いてみたい相手を
思い浮かべてください。
その人物が、普段よく履いている靴は
次のどれに当てはまりますか?

A

いつもピカピカの革靴

B

履きたおして
くたびれた靴

C

がっちりと
足を包むタイプの靴

D

ヒモで結ぶタイプの靴

E

サンダル

TEST
07

診断

このテストでは

履いている靴により、相手の「防御の仕方」がわかります。

A のタイプの場合

鉄壁ガード タイプ

完璧主義者で、ガチガチに防御するタイプです。ズボンの折り目などもキッチリとして、いつも清潔感のある身なりを心がけています。潔癖症で自分だけではなく他人にも厳しい面があり、周囲まで緊張させてしまいがちです。ミスを必要以上に気にしすぎ落ち込みやすいところもあります。

B のタイプの場合

その場しのぎタイプ

靴のことなど気にかける暇もないほど忙しく、ストレスを長い間受けているだけに、その場しのぎの防御をするタイプです。自分ではタフなつもりでも、くたびれた靴は摩耗した心の象徴です。先のことを見据え、計画的に行動するというより、目先のことを集中してこなしていく性格といえます。

C のタイプの場合

本心ひた隠しタイプ

自己防衛意識が強く、本心を出さないように防御するタイプです。靴には、自分の足元を守るだけでなく自分の心を守るアイテムという意味合いもあります。堅固で丈夫な靴を好む人の心の奥底には、「自分の心を傷つけられたくない」という不安が潜んでいます。

D のタイプの場合

見栄張りタイプ

抑圧的な性格で、見栄を張ることで防御するタイプです。きっちりヒモで靴を結ぶという行為が象徴するのは、心の中のフラストレーションが外に出てきてしまうことへの恐怖心です。本来は奔放な性格でも、周囲の評価などを気にするあまり、本当の自分が出せない人物の可能性があります。

E のタイプの場合

防御無関心タイプ

色々な面でこだわりが少なく、防御することにも無関心です。落とし物などをしても「無くしてしまったものは仕方がない」とキッパリ諦められます。人間関係においても淡白な傾向で、べたべたと近づかれたり、しつこくされるとそれだけで冷めてしまうような性格の持ち主です。

TEST

08

相手のカバンはどのタイプ？

まず、あなたが心を覗いてみたい相手を
思い浮かべてください。
その人物が普段よく持っているカバンは
どれですか？

B

アタッシュケース

A

大きめのカバン

D

ずっと使っている
くたびれたカバン

C

カギ付きのカバン

E

紙袋

TEST
08

診断

このテストでは

カバンの選び方から、相手の「心の余裕度」がわかります。

A のタイプの場合

心の余裕度は
100%

何事につけても余裕を持っていたい人物です。小さいカバンにギュウギュウに詰め込むより、どこかに余裕を持たせておきたいと考えています。仕事も計画的に進め、締め切り直前にアタフタするようなこともなく、休日にはのんびりと過ごすようなタイプです。

Bのタイプの場合

心の余裕度は
50%

がっしりとして中身も傷つきづらいため、機能面で選んでいるなら、実利的で現実的な性格の持ち主といえます。アタッシュケース自体を「仕事がデキそうに見えるから」という理由で選ぶ人は、自分を実力以上に見せたがる単なる見栄っ張りです。

Cのタイプの場合

心の余裕度は
10%

余裕はかなり低め。自分と他人との境界線をきっちり引きたがる人物といえます。他人に自分の領域を侵されることを嫌い、ビジネスライクなつきあい方を好みます。基本的に人を信用できないため、自己防衛意識も高く、いつもどこかに不安を抱えている傾向にあります。

Dのタイプの場合

心の余裕度は
75%

余裕度はそこそこ高め。1つのことに執着する性格の持ち主です。どんなにくたびれたカバンでも気にせずに使い続けます。こだわりが強く、自分の価値基準をしっかり持っているので、新しいものや他人の肩書きなどになびくこともありません。それだけに融通がきかない側面もあります。

Eのタイプの場合

心の余裕度は
60%

人間関係に不器用な人物です。基本的に周囲の目も気にならず、他人の行動や持ち物などにも関心が薄いため、他人とのコミュニケーションもあまり上手にできません。その分、見栄を張ることもなく、飾り気もない、誠実な性格の持ち主ともいえます。

TEST

09

笑い方から何がわかる?

心を覗きたい相手が目の前にいたら、
うまく笑わせてみましょう。
相手はどんな笑い方をしましたか?

A 「アハハ！」と快活に笑った

B 「フフフ…」と含み笑いをした

C 「フン」と鼻で笑った

D 「ガハハ」と豪快に笑った

E 表情を変えず、笑わなかった

TEST
09

診断

このテストでは

笑い方により、相手の「あなたへのライバル心」がわかります。

A

の笑い方の場合

ライバル心は ほぼなし

ライバル心はほぼありません。あなたに対して心を開いた状態です。このような笑い方をするのは、朗らかで冗談好きな人物といえます。ただ、性格的には感情のコントロールが苦手な部分があり、時としてストレートな物言いをして、相手を傷つけてしまうこともあります。

B の笑い方の場合

ライバル心は ややあり

あなたを冷静に観察している状態です。このような笑い方は感情のコントロールが上手な人物に見られます。自分の表情に気をつかいつつ、周囲の人の表情を観察する余裕もあります。ただ、冷静すぎて、相手を嘲笑しているような印象を抱かれるケースもあります。

C の笑い方の場合

ライバル心は かなり高め

あなたをどこかで小バカにしているかもしれません。「フン」と鼻で笑うのは、相手を見下すような態度とも受け取れます。自分の中にどこかエリート意識があり、それが見え隠れすると周囲からは鼻持ちならない人物という評価を受けることもあります。

D の笑い方の場合

ライバル心は ???

豪快に笑う人は、小さなことにこだわらない性格で、本当におかしいから笑っているだけなのでライバル心はゼロ。ただ、不自然な豪傑笑いが見られたら、その人物は自分の劣等感や不安を隠しているか、相手を威嚇しているかのケースがあるため、ライバル心は高めといえます。

E の笑い方の場合

ライバル心は MAX

どこかであなたと張り合っている可能性があります。あまり笑わない人はいつも緊張した生活を送っています。好奇心は旺盛なのですが、競争心も強く、仲間であってもすぐにライバル視して、何かにつけて張り合おうとする傾向があります。

TEST
10
記念撮影、どうやって写る？

友人たちと記念写真を撮りました。
あなたを含め、周囲の仲間たちはそれぞれ
どのような写り方をしていますか？

A キメ顔

B 変顔

C 自然体

D 端の方

E みんなの中心

F リーダー格の人の隣

TEST 10

診断

このテストでは

写真の写り方により、その人物の「ナルシスト度」がわかります。

A の写り方の場合

ナルシスト度
約90%

ナルシスト度はかなり高め。自己主張が強くリーダー的な存在ですが、いつも鏡を見てキメ顔を研究するなどナルシストの側面が強くあります。基本的に容姿に自信があり、恋愛では自己陶酔タイプといえます。

B の写り方の場合

ナルシスト度
約50%

ナルシスト度は中程度。自己主張が強く、個性も強い独自路線タイプ。変顔は照れ隠しの裏返しですがカメラはしっかり意識しています。自由奔放な恋愛を好み、型破りなタイプを相手に選びがちです。

C の写り方の場合

ナルシスト度
約5%

ナルシスト度は極めて低め。自己顕示欲が弱い人物です。自分より周囲を優先させてしまうところがあり、協調性はありますがグループ内ではあまり存在感がありません。恋愛では相手に尽くすタイプです。

D の写り方の場合

ナルシスト度
約10%

ナルシスト度は低め。内向的な性格の持ち主です。本心では、グループ活動自体を苦手に感じており、周囲から浮きがちな存在です。恋愛に対しても消極的でひたすら待つタイプといえます。

E の写り方の場合

ナルシスト度
100%

生粋のナルシストといえるでしょう。行動力はありますが自己主張が強すぎて、人から嫌われることもあります。恋愛傾向としては男性なら王様タイプ、女性なら女王様タイプに当てはまります。

F の写り方の場合

ナルシスト度
約20%

ナルシスト度はやや低め。世渡り上手で権力志向があります。頭の回転がよく、交友範囲も幅広く、処世術にも長けている人物といえるでしょう。それだけに恋愛においても、モテモテタイプです。

TEST

11

あの人はいつもどんな服装?

まず、あなたが心を覗いてみたい相手を思い浮かべてください。その人物のファッションは、次のうちどの傾向にありますか?

A

派手な色や原色が多い

B

落ち着いたスタイルが多い

C

流行のスタイルが多い

D

個性的なスタイルが多い

TEST
11

診断

このテストでは

ファッションの傾向から、相手の「寂しがり屋度」がわかります。

A

のタイプの場合

寂しがり屋度は
高め

寂しがり屋度の高い「かまってちゃん」の傾向があります。「楽しそうな人だな」と他人から思われたい人物です。どこかで対人不安を抱えていて、派手な色や原色で自分を着飾ることで、他者との境界線を設定しています。一見、性格も派手そうですが、本当は寂しがり屋に多く見られる服装です。

B のタイプの場合

寂しがり屋度は
低め

寂しがり屋度は極めて低い、自分に自信がある人物といえます。落ち着いたファッションを選ぶのは、自分を着飾らなくても「勝負できる」と無意識で考えている証拠です。実際のところは、自己主張も強く、内面にこだわりを秘めている頑固者タイプでもあります。

C のタイプの場合

寂しがり屋度は
かなり高め

寂しがり屋度はかなり高く、つねに周囲の人々と同調することで安心感をおぼえるタイプです。友人の持ち物を敏感に察知し、同じようなスタイルを採用したがります。多数派でいることに居心地のよさを感じ、自分の個性を発揮することはあまり好みません。

D のタイプの場合

寂しがり屋度は
ほどほど

純粋にファッションを楽しむのが好きな人物で、寂しがり屋度は中程度。身につけている服装とは裏腹に、性格はいたってまじめで常識派です。周囲に対してはハイセンスな自分をアピールしたいと思っていますが、それがコンプレックスの裏返しというケースもあります。

TEST

12

あの人はいつもどんな会話をしている？

まず、あなたが心を覗いてみたい相手を
思い浮かべてください。
その人物は、普段、
どんな会話をしていますか？

A 過去にあったことを話すことが多い

B 不平不満を口にしがち

C 他人の話を聞き、
自分からはあまり話さない

D 「自分ですか？」など、
ちょくちょく確認する

E 何かにつけ
「あー知ってる知ってる」が口癖

TEST 12

診断

このテストでは

普段の会話の傾向により、相手の「認められたい度」がわかります。

A のタイプの場合

認められたい度は
MAX

現状の自分にあまり満足していない人物といえます。現時点では、特に情熱を傾けられる対象がなく、向上心もない状態なのですが、他人から認められたい気持ちだけは人一倍持っています。総じて年齢より老けて見られがちです。

B のタイプの場合

認められたい度は
中の上

認められたい度は中の上程度です。いつも「○○すべきだ」と断定的な口調で正論を口にする完璧主義者です。ただ、ほとんど理想論に近く、現実的ではないため、周囲からは思うような評価もされません。また、他人に対して過度な期待をかける傾向もあります。

C のタイプの場合

認められたい度は
やや低め

基本的に他人を信用できない自己防衛的な性格の持ち主です。過去に信頼を置いていた人物にひどい裏切られ方をした体験などを持っているケースがあります。とはいえ、本心では自分のことについて、もっと他人に話したいと考えています。

D のタイプの場合

認められたい度は
かなり低め

何かしらの不安かコンプレックスを抱いている人物です。たとえば、「難しいことを頼まれるのは嫌だな」という不安を抱いた時や自分自身の存在感に自信がない場合など、相手に向けて「それは私に対する呼びかけですよね」という確認を取っているわけです。

E のタイプの場合

認められたい度は
極めて高め

「自分が賢い」と他人にアピールしたいのですが、実際は、そのような評価を受けることはありません。よく知っている事柄ならいざ知れず、よくわからないことまで知ったかぶりしているのは自分の軽薄さをアピールしているのと同様だからです。

TEST

13

相手は居酒屋でどんなふうに注文する？

まず、あなたが心を覗いてみたい相手を
思い浮かべてください。
あなたはその人物に誘われて
居酒屋に入りました。
相手は最初にどう注文しましたか？

A

「今日のおすすめは何?」と
店員に聞いた

B

「まずは生ビール、あとは適当に
おつまみを出して」と注文した

C

あなたにに「何にする?」と
聞いてから注文した

D

自分の好きなものを注文した

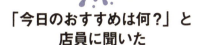

TEST 13

診断

このテストでは

注文の仕方により、相手の「ウジウジ度」がわかります。

A のタイプの場合

ウジウジ指数は 80

他人からの評価を気にしすぎる傾向にあります。いつも心のどこかで、周囲の人が自分に期待している通りの言動や行動をとらなければいけないと考えてしまいがちです。

B のタイプの場合

ウジウジ指数は
10未満

率先して人を引っ張っていくリーダータイプといえるでしょう。ただ、時として、突っ走りすぎて独りよがりな行動をとる場合があり、周囲から浮いてしまうこともあります。

C のタイプの場合

ウジウジ指数は
100

周囲にあわせることが第一と考えがちです。そのため、いつも仲間と同じような言動や行動をとろうとして、他人のすることに振りまわされるケースも多くあります。

D のタイプの場合

ウジウジ指数は
50

何かにつけ、物事を単純化して考える癖があります。たとえば、決断を下す際には、対象を「よいか悪いか」「好きか嫌いか」など、自分の感情を判断の基準にしがちです。

TEST

14

この階段をのぼる？　下る？

あなたが心を覗いてみたい相手がそばにいたらその人に左ページの図を見てもらってください。

直感で、相手はどう感じましたか？

A これからのぼる階段を、下から見上げている

B これから降りる階段を、上から見下ろしている

C たった今、降りてきた階段を、下から見上げている

D たった今、のぼってきた階段を、上から見下ろしている

TEST

14

診断

このテストでは

相手の「未来に対する野心度」がわかります。

A のタイプの場合

野心度は

MAX

未来に対して上昇志向にある人物です。これからのぼる階段を見上げるのは、今後、新しい世界に入っていこうという意志がある証拠。新しいチャレンジへの意欲に燃え、「物事にポジティブに取り組んでいきたい」という気持ちがあります。

B のタイプの場合

野心度は 15%

未来にばく然とした不安感を抱いています。これから降りる階段は、今、自分が飛び込んでいこうとしている世界の象徴です。その新しい世界に立ち向かっていくことに対して、現時点では少しためらいを感じているわけです。

C のタイプの場合

野心度は 75%

Aと同様、未来に対して上昇志向にある人物です。降りてきた階段を見上げるというのは、過去をふり返って、自分の歩みを確かめる行為の象徴です。その体験を「今後に活かしていきたい」と考えている状態を表しています。

D のタイプの場合

野心度は 3%

Bと同様に未来に不安感を抱いています。のぼってきた階段を見下ろしている状態とは、これまでの自分の行動を反省しようとする気持ちの表れです。後悔や反省の要素が強く、この先へ進むことにどこか恐れを感じているのです。

TEST

15

相手の目はどの方向を向いている？

あなたが心を覗いてみたい相手が
そばにいたら、会話中にその人物の目が
どこを向いているか、注意深く
観察してください。
さて、どこを見ていましたか？

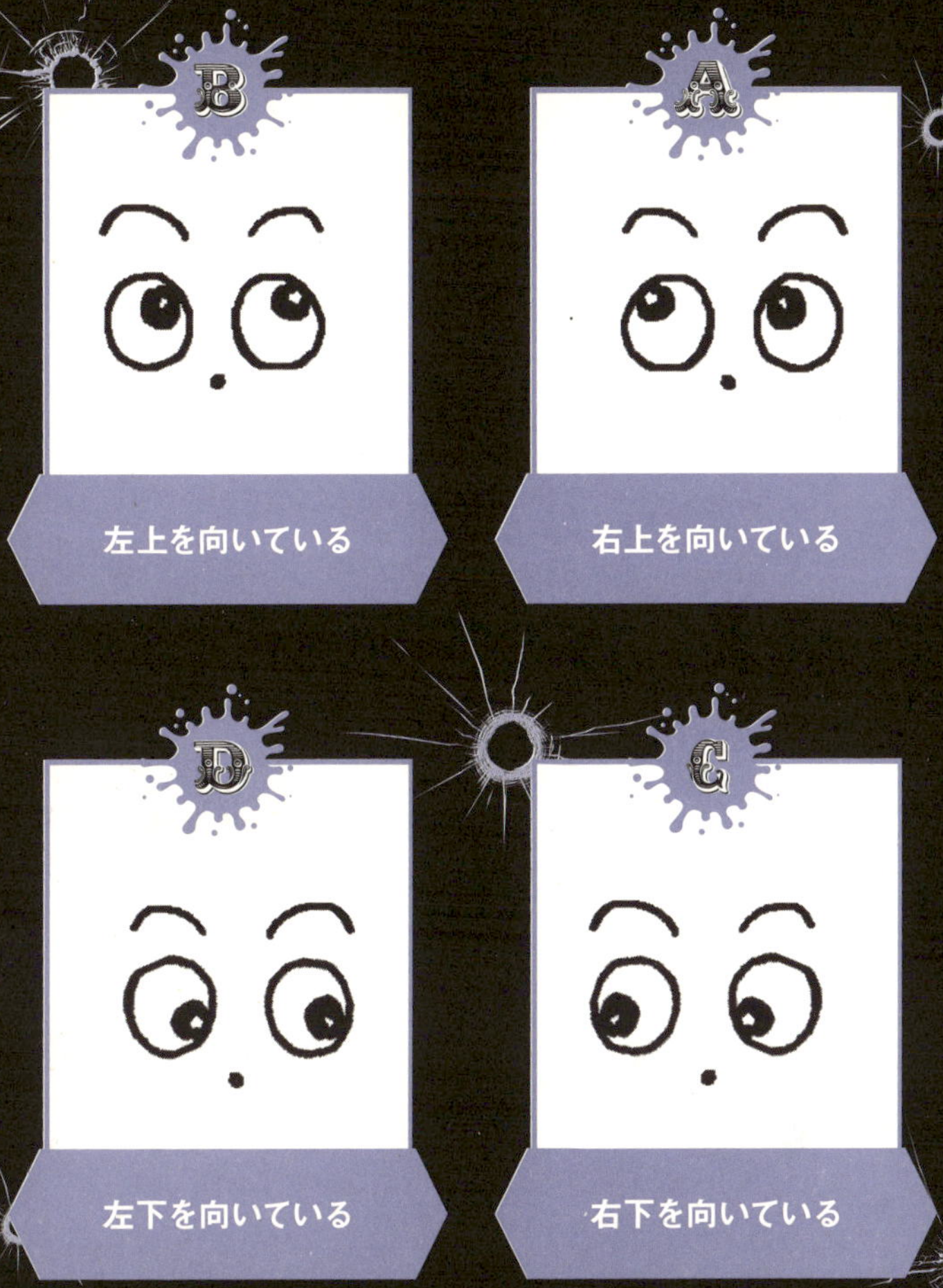
A
右上を向いている
B
左上を向いている
C
右下を向いている
D
左下を向いている

TEST
15

診断

このテストでは

目線の位置から、相手が「今、何を考えているか」がわかります。

A

のタイプの場合

目線が右上を向いている時、相手はまだ見たことのない光景を心に思い描こうとしています。例として、「天国ってどんなところかな?」とか、訪れたことのない海外の観光地に思いを馳せている時などが挙げられます。

B のタイプの場合

目線が左上を向いている時、相手は過去に見た光景を思い出そうとしています。例として、「先週行ったレストランから見た夜景はキレイだったな…」とか、以前会った誰かの顔を思い浮かべようとしている時などが挙げられます。

C のタイプの場合

目線が右下を向いている時、相手は身体的な感覚に関するイメージを思い出そうとしています。例として、過去につきあっていた彼女からビンタを受けた経験とか、体育の授業で手を骨折した体験を思い返そうとしている時などが挙げられます。

D のタイプの場合

目線が左下を向いている時は、相手は聴覚に関するイメージを思い出そうとしています。たとえば、「次にカラオケに行ったらあの曲を歌おう」とか、卒業式でみんなで歌った曲を思い出そうとしている時などが挙げられます。

TEST

16

目の前の相手はどう座っている？

あなたが心を覗いてみたい相手がそばにいたら、その人物の座り方をよく観察してください。

さて、相手の脚はどのような状態ですか？

A 脚をまっすぐに閉じて座っている

B 左脚を上にして組んで座っている

C 右脚を上にして組んで座っている

D 脚を開いて座っている

E 脚を前に投げ出して座っている

F 貧乏揺すりをしている

TEST
16

診断

このテストでは

座り方から、あなたの「話がイケてるかどうか」がわかります。

A

の座り方の相手は

それ以上はヤメて状態

あなたに対して、よそよそしさを感じています。足をまっすぐに閉じるのは、目の前の相手に対し、自分の内面に踏み込まれたくないと思っているサインです。ここではあたりさわりのない話題に留めましょう。

B の座り方の相手は

コッチの話を聞け状態

あなたとの会話では、自分のペースで話をしたいと思っています。このタイプの脚の組み方は、積極性のある開放的な性格の人物によく見られます。ここでは聞き役に徹するのが得策です。

C の座り方の相手は

…………状態

あなたに対し、どこか気後れを感じています。このタイプの脚の組み方は、何事にも控え目で、人とあまり話をしたがらない内気な人物によく見られます。何を話しても「のれんに腕押し」かもしれません。

D の座り方の相手は

ALL OK 状態

あなたに対して好意的な態度を示しています。基本的に男性のポーズですが、目の前の相手に対して、自分の心を開放している状態の時によく見られます。このまま自分のペースで会話を楽しめそうです。

E の座り方の相手は

ツマーンナーイ状態

あなたとの会話に退屈しています。この脚のしぐさは、相手の話に興味がないことを、意識的ではなく無意識のうちに示してしまった投げやりな態度と考えられます。相手に話の主導権を渡してみるのも手です。

F の座り方の相手は

イライラ状態

あなた本人、あるいは会話の内容にイライラしているか、または強い緊張を感じている時のしぐさです。現時点の話題が立ち入ってほしくない内容というケースも考えられます。会話は中断して、別の機会を設けるのがいいでしょう。

効果的な「おどし」の方法とは?

他人を思い通りに動かしたい時、「おどし」は
1つのテクニックです。そして、おどし方の強弱によって、
その効果は変わってくるのです。

「おどし」には、相手に恐怖心などの心理的な緊張を引きおこし、関心を引きつける効果があります。このおどしが、人の行動にどのように作用するのか、心理学者のジャニスとフェッシュバッハの実験をご紹介しましょう。

実験の内容は、口腔衛生のための歯磨きの大切さや良質の歯ブラシを使う利点を「強いおどし」「中位のおどし」「弱いおどし」のメッセージに分け、3つのグループに対して講義を実施するというものです。

「強いおどし」グループには、口腔ケアをしないと虫歯や歯槽膿漏による苦痛が待っており、時としてガンになるという内容をスライドや写真を用いて説明します。「中位のおどし」グループには、歯の手入れを怠る

	強いおどし	中くらいのおどし	弱いおどし
論旨の内容(例)	歯磨きや歯ぐきの手入れを怠ると、こんなひどい歯や歯ぐきの病気に侵され、抜歯や歯腔穿孔など、大変な苦痛をともなう治療をしなければなりません。場合によってはガンや全盲になることもあります。	歯磨きや歯ぐきの手入れを怠ると、虫歯になったり歯に穴があいてしまう。口内のただれ、はれもの、歯ぐきの炎症などにもなる。できるだけ歯医者に通い、治療をしてもらいましょう。	歯磨きや歯ぐきの手入れを怠ると、虫歯になったり歯に穴があいたりするので、普段から口腔衛生には気をつけましょう。
訴求の形式	●大変痛そうなひどい虫歯や口内のただれ、歯ぐきの炎症などの生々しい「スライド」と「写真」を用いる。 ●「あなた」もこうなる可能性もあると訴求する。	●淡々と事実を述べる。 ●それほどひどくはない口腔疾患についての「写真」を用いる。 ●手入れを怠ると「一般的にこうなることがある」という程度に訴求。	●虫歯や、歯の穴については「レントゲン写真」または歯の悪くない人の「写真」を用いる。 ●「一般的にこうなることがある」と訴求。

ジャニスとフェッシュバッハによるおどしのメッセージより引用

とどんな病気になるかという事実だけを写真を交えて解説。「弱いおどし」グループには口の中が不衛生だと虫歯を招くなどの話をして軽い症状の写真を見せました。

その後、3つのグループを調査すると、講義直後に歯に対する不安を感じた人は「強いおどし」グループがもっとも多く、続いて「中位のおどし」グループ、「弱いおどし」グループと続きました。

ところが1週間後に、実際に歯磨きのすすめを実行したかどうかを調査すると、「YES」と答えたのは「弱いおどし」グループがもっとも多く、「強いおどし」グルー

You must!
You might as well...

プはもっとも低くなりました。強すぎるおどしは、その場では効果があるように見えても実は逆効果となり、相手が話半分で聞き流せる程度の軽いおどしのほうが、実際の行動に反映されやすいという結果が出たのです。

強いおどしでは、相手は恐怖心から従っているだけなのに対し、弱いおどしの場合だと、自分の意志で行動する意識が高くなると考えられます。

会社では上司が部下に、家庭では親が子供に「おどす」ように叱りつけることがあります。確かに即効性はあるのですが、長い目で見ると効果は薄れていきます。それより、弱いおどしにとどめておく方が継続的な効果が期待できるというわけです。

第3章

気になる異性の本音に迫る「LOVEテク」テスト

この章では、異性の本音を探り出す
テストをします。
気になる相手の心の内を
こっそり覗き込んで、
きっちりオトしてしまいましょう。

TEST
01

彼女は、どっちによける?

意中の女性とのはじめてのデートを想像してください。2人で歩いていると、目の前に水たまりがありました。彼女はどうよけたでしょうか?

A あなたに身を寄せて水たまりをよけた

B あなたの後ろにまわって水たまりをよけた

C あなたの反対側を通って水たまりをよけた

D あなたの指示を待って水たまりをよけた

TEST 01

診断

このテストでは

「彼女とあなたとの心理的距離」がわかります。

A の場合の女性は

心理的距離は約30cm

性格的には、恋愛に限らず、さまざまな物事に対して積極的に行動する活発なタイプといえるでしょう。ここではあなたに対して強い親近感があり、好意を抱いている状態と考えられます。

B の場合の女性は

心理的距離は約1m

何事にも控え目な性格で、男女交際に関しても保守的な考えの持ち主と考えられます。ここではあなたからの積極的なアプローチを待っている状態かもしれません。

C の場合の女性は

心理的距離は約1km

基本的に自立心が強い女性といえるでしょう。現時点では、あなたとの間に心理的な距離があるようで、現時点では、このまま交際できるかどうかは、まだはっきりとわかりません。

D の場合の女性は

心理的距離は約30m

優柔不断な性格の持ち主で、恋愛では相手に振りまわされる傾向にあります。異性からデートに誘われると、断れないタイプだけにあなたとの交際も本気かどうかはわかりません。

TEST

02

あなたと話がしたい？　したくない？

まず、あなたが心を覗いてみたい異性を思い浮かべてください。
あなたはその人物と会話をしています。
さて、相手はどのようなしぐさをしていますか？

A あごに手をあてている

B 自分が飲み物を飲んだら相手も飲んだ

C 会話中、一度に3回以上うなずく

D 鼻に手をやっている

E 時々椅子から軽く腰を浮かせる

F 髪をさわっている

TEST 02

診断

このテストでは

会話中のしぐさから、「相手の退屈度」がわかります。

A

のしぐさの場合

退屈度低め？

退屈というよりもあなたに対する防御のサインといえます。相手（ここではあなた）からの口攻撃から自分を守ろうとしているか、自分がおかしな発言をしてしまわないかと慎重になっています。

B のしぐさの場合

退屈度 ゼロ

あなたに好意的な態度です。これはシンクロニーと呼ばれる現象で、相手としぐさなどを無意識で同調させることをいい、好意がある人との間に起こりやすいとされています。

C のしぐさの場合

退屈度 高め

退屈度はかなり高め。これは社交辞令のうなずきです。回数の多いうなずきは、「早く話を切り上げてほしい」という時に頻発します。話をするのが面倒か、相手の話に興味がないケースが考えられます。

D のしぐさの場合

退屈度 低め

退屈度は低め。ただ鼻に手をやるのは、相手の話の真偽を疑っている時に多く見られます。あなたの話の中身を「本当だろうか?」と疑っている確率が高いと考えられます。

E のしぐさの場合

退屈度 MAX

あなたとの会話を「早く終わらせたい」と思っています。腰を軽く浮かすのは立ち上がるための無意識に行なう準備動作で、一刻も早く立ち去りたいと内心では考えています。

F のしぐさの場合

退屈度 高め

話を聞きながら髪や耳をさわるのは、「あなたの話をやめさせたい」というサインです。ただの癖というケースもありますが、その違いは表情や反応から推測できます。

TEST

03

相手のあなたへの想いは LOVE？ LIKE？

次のA・B、それぞれの文章の□に
あなたの名前を入れると仮定して、
意中の相手に当てはまるものに
チェックを入れてもらってください。

A

□ 私は［　　］と一緒にいると、いつも同じ気分になる

□ ［　　］は、適応力に優れた人だと思う

□ ［　　］であれば責任のある仕事に、強く推薦できる

□ ［　　］は、優秀な人だと思う

□ ［　　］の下す判断には間違いはない

□ ［　　］と話をすれば誰もが好きになるはずだ

□ ［　　］と私はお互いに似ている

□ もし選挙に立候補するなら、［　　］に投票するつもりだ

□ ［　　］は、人として尊敬に値する人だと思う

B

□は、知性にあふれている人だと思う

□は、私の知りあいの中で、最も好ましい人物の１人だ

□のような存在になりたいと思う

□は、称賛の的になりやすい人だと思う

□に元気がなかったら、何としても励ましたい

□に対してなら、すべてを打ち明けられると思う

□に欠点があっても、気にならない

□のためなら、どんなことでもしてあげたい

□ ＿＿＿を独り占めしたい

□ もし＿＿＿と会えなくなったら、私はとても不幸に思える

□ 寂しい時は、＿＿＿に会いたいと真っ先に考える

□ 私にとって最も大切なのは、＿＿＿が幸せになることだ

□ ＿＿＿がどんなことをしても許すことができる

□ 私は、＿＿＿を幸せにしてあげたい

□ ＿＿＿と一緒にいる時は、見つめているうちに時間が過ぎる

□ ＿＿＿から打ち明け話をされたら、とてもうれしいと思う

□ ＿＿＿と仲よくできない状態だと、つらくてたまらない

（参考資料）LIKING scale & LOVING scale（Rubin, Z., 1970）

TEST 03

診断

このテストでは

相手のあなたに対する「本当の気持ち」がわかります。

AとBの2つのテストの結果、チェック数の多いほうが相手があなたに対して抱いている本当の感情といえます。

AとB、どっちが多い？

Aは好意尺度（LIKE）を示しています。これは尊敬や単純な好意、親近感といった感情といえます。相手はあなたに対して、尊敬の念を抱いていたり、「自分とよく似ているな」と感じていたり、「いい人だな」と単純に思っている段階です。現時点では、まだ恋愛感情には達していない状態と考えられます。

Bは恋愛尺度（LOVE）を表しています。好意尺度とは、内容がかなり異なってくるのがわかるはずです。恋愛においては、相手に対する独占欲、依存、自己犠牲などがキーワードとなってきます。人をただ好きになる時にはなかった複雑な感情が、恋愛をする上ではついてまわるわけです。相手なしの人生が考えられなかったり、「誰かに渡したくない」と感じたり、相手のためなら「どんなことでもしてあげられる」という情熱の高さが恋愛感情のポイントといえます。

TEST

04

満腹状態でデザートが出てきたら？

あなたとパートナーは今、おいしい食事を終えておなかがいっぱいです。そこに大好物のデザートが出てきました。さて、パートナーはどうしますか？　あるいは（その場にいなければ）どうすると想像できますか？

少しだけ手をつける

まったく手をつけない

全部たいらげる

半分くらい食べる

TEST
04

診断

このテストでは

デザートの食べ方から、パートナーの「浮気度」がわかります。

A

の食べ方の相手は

浮気度はほぼゼロ

自制心が強いタイプで浮気の心配はないと思われます。満腹状態の時に大好きなデザートが出てくるというのは、特定のパートナーがいるにもかかわらず異性からモーションをかけられたというシチュエーションを示しています。

B

の食べ方の相手は

浮気度は 中程度

つい出来心でデートくらいはしてしまうタイプです。少しだけ手をつけるというのは、好みの異性に対して、「ちょっとつきあうくらいならいいかな」と自分を甘やかす行動と一緒です。出来心から本気になってしまう可能性もなきにしもあらずです。

C

の食べ方の相手は

浮気度は かなり高め

相手やシチュエーションによっては浮気に走る可能性があります。どこか計算高い部分があり、少々悪事を働いてもパートナーに「バレさえしなければ大丈夫」という考えの持ち主かもしれません。

D

の食べ方の相手は

浮気度は MAX

いとも簡単に浮気に走ってしまうタイプです。普段から浮気願望があり、異性からちょっとでもモーションをかけられれば、すぐにその気になってしまいます。パートナーとしては要注意の人物といえるでしょう。

TEST 05

旅行するなら、どんな形態?

ある程度の休暇が取れたので、パートナーと旅行をしようと思います。さて、相手はどんな計画を希望しましたか?

A 予定がてんこもりのパッケージツアー

B 自由時間が多いパッケージツアー

C 2人ではなく自分だけで行くひとり旅

TEST 05

診断

このテストでは

パートナーの「自立度」がわかります。

A の場合の相手は

自立度は かなり低め

基本的にパッケージツアーを選ぶのは、自分への信頼感に欠け、失敗した時の落ち込みが大きいタイプです。特に短期間でいくつもの観光地を訪れたい人物は、せっかちで欲張り。「あれも見たい。こっちも行きたい」という自分の欲求を旅行会社にかなえてもらおうとしているだけに、依存心の強い性格といえます。

B の場合の相手は

自立度は ほどほど

Aと同様にパッケージツアーを利用する人は、他人と同じ行動をして同じものを見るという「横並び」の安心感をおぼえています。ただ、こちらは自由時間がたっぷりあり、移動時間も旅行の楽しみの1つと考えられる心の余裕があります。ツアーという手段を使って自分の欲望を上手に満たすことのできる人物といえます。

C の場合の相手は

自立度は とても高め

一見、自由気ままに1人で楽しみたいタイプのようですが、実は自分の精神状態を正常に整えようとしている前向きな人物です。仕事や家庭でストレスを感じても、引きずらないように自分でコントロールして、他人に八つ当たりすることもありません。旅行することで自分を楽しませて「上機嫌な自分」でいようとしているのです。

TEST

06

500円玉の本当の大きさは？

意中の相手かパートナーに、500円硬貨の大きさを思い浮かべてもらい、その大きさの円を次ページのスペースに描いてもらいましょう。

この下に 500 円硬貨の大きさを想像して描いてください

描いた後、 実際に 500 円硬貨を重ねてみましょう

次のどれに当てはまりましたか？

A 描いた円は、本物の500円硬貨より大きい

B 描いた円は、本物の500円硬貨より小さい

C 描いた円は、本物の500円硬貨と同じ大きさ

TEST 06

診断

このテストでは

描いた円の大きさにより、その人物の「お金への愛情」がわかります。

A に当てはまった場合

お金に片思いタイプ

お金に対して一方通行の愛情を抱いている人物です。お金のほうはなかなかその愛情に応えてくれません。ほどほどの経済感覚を持っており、「500円あれば、あんなものやこんなものが買える」と、実際の価値よりやや高めに想定しています。金銭感覚はあるのですが、お金そのものに価値を置きすぎる傾向があります。

B に当てはまった場合

お金に疎遠タイプ

お金に対する愛情が浅い人物です。経済感覚が低く、500円はあくまでも小銭にすぎず、気軽に使える程度のお金と見なしています。普段から無駄づかいや浪費も多く、お金の使い方にルーズな面があります。

C に当てはまった場合

お金と相思相愛タイプ

お金とは相思相愛の関係で、優れた経済感覚を持っています。500円に特別な価値を置くこともなく、あくまで500円は500円と見なしています。普段の生活でも無駄づかいは少なく、冷静かつ客観的な目でお金に向き合えるタイプと考えられます。

TEST 07

あなたと意中の相手との相性は？

あなたがつきあっている、あるいは意中の相手について次の文章に当てはまるかどうかを確認してください。質問に当てはまったらチェックをして、その数がいくつあるか数えてください。

■ ２人のファッションの趣味は似ている

■ ２人の趣味は一緒にできるスポーツである

■ 出身地が同じである

■ 同じくらいに政治に関心がある、もしくは関心がない

■ 信仰している宗教が同じ、もしくは２人とも無信仰

■ 愛読書が同じ傾向にある

■ 好きな作家が３人以上同じである

■家族構成がだいたい似ている

■２人の身長差はあまりない

■性格的な特徴が似ている

■２人とも動物好きか、同じ動物をペットにしている

■休日の過ごし方が同じである

■金銭感覚が似ている（浪費家あるいは倹約家）

■受けてきた教育環境（学歴）が似ている

■２人ともタバコを吸う、もしくは吸わない

■２人ともお酒を飲む、もしくは飲まない

■野球や相撲など、同じチームや人を応援している

■食べ物に対する好みが似ている

■２人とも友だちが多い、もしくは少ない

（※アメリカの心理学者シンバーグらが考案したものを参考にして作成）

TEST 07

診断

このテストでは

あなたと意中の相手が「安定したカップルになれるかどうか」がわかります。

チェックの数が多いほど、2人の関係は安定していると考えられます。

チェックの数はいくつ？

世間ではよく「似たもの夫婦」といわれますが、これは本当のことです。生まれ育った環境や学歴、価値観、趣味やファッションなど、さまざまな面で共通する要素が多ければ多いほど、カップルとしてもうまくいきやすいものなのです。これを心理学では類似性の法則と呼びます。

このテストで、チェックの数が全設問数の半分以上当てはまったら、2人は似た者同士で安定したカップルになれる可能性が高いと思われます。

チェックの数が5つ以下だった場合、2人の共通点は少なすぎるかもしれません。長続きするかどうかは本人たちの努力次第といえるでしょう。もちろん、共通点が少なくても恋人同士にはなれます。実際に、お互いに自分の持っていない部分を補いながら長続きしているカップルも多く存在します。

末永く幸せなカップルとなるためには、お互いができるだけ相手の好みや相手の考えを尊重して、歩み寄る努力をすることが大切です。

TEST
08

エサをあげるならどの動物を選ぶ？

意中の相手に質問してみましょう。
動物園に行きました。そこでは好きな動物にエサを与えることができます。
さて、次の4つの動物のうち、どれを選びますか？

B

トラ

A

ヘビ

D

サル

C

ゾウ

TEST 08

診断

このテストでは

意中の相手の「理想の異性像」がわかります。

A

を選んだ相手は

ちょっとキケンな異性にひかれしまうような人物です。ヘビは毒の象徴だけに少し毒のありそうな人物を恋愛対象にしがち。陰で何をしているかわからない相手であっても、「自分だけを愛してくれればそれでよし」と考えてしまう傾向にあるようです。

B

を選んだ相手は

包容力のある異性にひかれやすいタイプです。トラは森の王者であることから、いつも堂々として少々のことには動じない、しっかり者を恋愛の相手に望んでいます。年上の相手など、自分をきちんと包みこんでくれる人物が好みといえます。

C

を選んだ相手は

平凡であっても、親しみやすくのんびりした性格の異性にひかれています。どっしりしたゾウは、安定的な生活の象徴といえます。ありきたりでも平穏な毎日を一緒に過ごしてくれるような相手を望んでいると考えられます。

D

を選んだ相手は

友達のような異性を恋愛対象にしがちなタイプです。サルは、いたずら好きでやんちゃさの象徴。いつもべったりした恋人関係よりも、一緒に遊んで楽しめるような友達のような関係を保ち続けられる相手を望んでいます。

TEST

09

一緒に旅行するならどの手段？

まだ、深い仲にはなっていない異性の相手に質問してみましょう。もし、あなたと一緒に東京から京都旅行へ行くとしたら、どの交通手段を選びたいと思いますか？

A

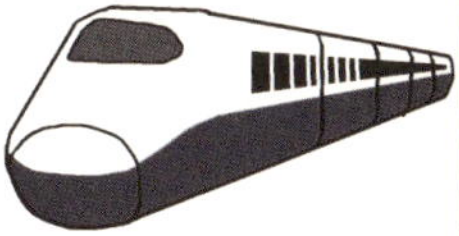

新幹線

B

鈍行列車

C

車

D

飛行機

TEST 09

診断

このテストでは

現時点で意中の相手と「ベッドインできるかどうか」がわかります。

A を選んだ場合

新幹線を選んだ相手は、一応、あなたを迎え入れる心の準備はできている状態といえます。きっちりムードを盛り上げて、相手をその気にさせてから誘ってみれば成功する可能性は高くなるかもしれません。

B を選んだ場合

鈍行列車を選んだ相手は、そろそろあなたと「そういう関係になってもいいかな」と内心では思っています。とはいえ、自分の中の踏ん切りがなかなかつかず、まだためらいがある状態と考えられます。

C を選んだ場合

ドライブ旅行を選んだ相手は、まだあなたのことをよく知らないようです。もっと深くお互いのことを知るようになってから、そういう関係になりたいと考えています。それだけに、現時点で無茶な行動は控えるべきです。

D を選んだ場合

飛行機を選んだ相手は、あなたの誘いを待っている状態です。1日デートを2人で楽しみ、雰囲気のいいレストランなどで食事をした後にさりげなく誘えば、オトせる可能性はかなり高くなると考えられます。

TEST

10

山頂からは何が見える？

恋愛のパートナーに質問してみましょう。
２人で山登りをしたとします。
その際、頂上から見える景色を
次の４つから選んでもらってください。

B

他の山々

A

日の出

D

霧がかかった景色

C

はっきりとした街並み

TEST 10

診断

このテストでは

あなたとの「セックスの最中に相手がどう考えているか」がわかります。

A を選んだ場合

山の頂上は絶頂感を象徴しています。特に日の出は、山の頂上から見るには最高の光景。これを選んだ相手は、「あなたとのセックスが一番いい」と満足している状態です。あなたをまさに理想の恋人と考えています。

B を選んだ場合

目の前に広がる他の山々が象徴しているものは客観性です。たとえ、行為の最中でも自分が快感を得ることに夢中になるわけでなく、相手が「どう感じているか」を考えています。ある意味、気づかいの人ともいえます。

C を選んだ場合

はっきりとした街並みは、冷静さを象徴し、セックスに対して新しい感動を求めていない人物といえます。男女の関係の中でも、セックスという行為にあまり重きを置かないような、性的にも淡白な人と考えられます。

D を選んだ場合

霧がかかった風景のように、あなたとの行為は、どこかもやもやとしていて「満足していない」と感じているようです。とはいえ、あなたに飽きたわけではなく、これからいくらでも関係が発展できる状況ではあります。

TEST 11

あなたやパートナーはロマンチスト？　現実派？

あなた自身、あるいはパートナーをテストしてみましょう。次の質問に「YES」か「NO」で答えてください。

1　恋人同士であれば、一切の隠し事はするべきでない　（YES or NO）

2　自分の恋人に嫉妬をしない人などいないはずだ　（YES or NO）

3　若い女性はつねに恋人が紳士的であってほしいと思っている　（YES or NO）

4　2人が愛しあってさえいれば、結婚生活はうまくいくはずだ　（YES or NO）

5　真の愛であれば、永遠に続く　（YES or NO）

6　愛があれば、社会的地位や年齢の差など気にせず結婚すべきだ　（YES or NO）

7　甘え上手な女性より、有能な女性のほうが恋人に適している　（YES or NO）

8　両親の反対を押し切ってまで結婚すべきではない　（YES or NO）

9　誰でも好きな人は複数いるが、心から愛せるのは1人だけだ　（YES or NO）

10　結婚の必須条件は経済的安定だと思う　（YES or NO）

11　相手を本気で愛してしまったとしても不倫はすべきではない　（YES or NO）

12　結婚は失望をもたらすことを知っておくべきだ　（YES or NO）

TEST 11

診断

このテストでは

あなたの「ロマンチスト度」がわかります。

1～6で「YES」を選んだ場合はプラス1点、7～12で「YES」を選んだ場合はマイナス1点として、それ以外は0点で計算してください。

3点〜5点
のあなたは
標準タイプ
バランスがとれている状態。このまま相手に接していれば問題はありません。

−3点以下
のあなたは
超現実的タイプ
相手の能力の高さや収入などを気にする傾向があります。

6点
のあなたは
超ロマンチストタイプ
愛さえあればすべてうまくいくと信じて疑わない人物。現実逃避の傾向があります。

−2点〜+2点
のあなたは
やや現実的タイプ
つきあいはじめた途端に将来設計の話などをしたがる傾向にあります。

P229の設問はアメリカ・ノースカロライナ大学で実施された「**ロマンチシズム度数テスト**」です。男女1000人が参加し、テストの最高点は6点に設定されていましたが、統計をとると女性の平均は4点、男性の平均は5点となりました。ロマンチシズム度数が高い**男性のほうが、若干ロマンチストの傾向にある**ことが判明したわけです。

また、アメリカの心理学者**ルービン**は、「別れの決断」に関する調査を実施しています。交際中のカップルに対し、2年間にわたって調査をしたところ、**離別したカップルのほとんどで別れを切り出したのは女性から**という結果となりました。その際、男性は別れを告げられる直前まで女性の心の変化に気づくことはなく、ひどく後悔したケースが多かったようです。

世間ではよく女性のほうが現実的といわれますが、実際、このような統計からも、**男性のほうがより恋愛を美化してとらえている**ことがわかります。

数値でわかる「○○さん」への満足度

あなたは心の中で、恋人、あるいはパートナーに
どのくらい満足しているかを計算してみましょう。

自分の恋人や配偶者に対して、あなたが心の中で抱いている満足度を数値化して、より客観的に相手を見つめなおしてみてはいかがでしょう。

最初に、左ページの表にある「○○さん」に相手の名前を入れてください。次に「あなたの考える重要度」の下のカッコに、もっとも重要な条件の項目を高いものを5として、1~5までの順位をつけて入れていきます。たとえば、経済力がもっとも重要と思えば、経済力を5、会話のセンスがそこそこ重要であれば3、容姿が重要でなければ1などとします。

そして、「○○さんの評価値」の下のカッコには最大を5、最低を1として、数値を好きなように入れてください。ただし、こちらは容姿5、知性5のように同じ数値を入れて

条件	あなたの考える重要度		○○さんの評価値	計
容姿	(　　　　)	×	(　　　　)	
知性	(　　　　)	×	(　　　　)	
経済力	(　　　　)	×	(　　　　)	
会話のセンス	(　　　　)	×	(　　　　)	
利用しやすさ	(　　　　)	×	(　　　　)	

たとえば、あなたの恋人に対する優先順位が「容姿2、知性5、経済力3、会話のセンス4、利用しやすさ1」として、あなたが考える実際の恋人○○さんへの評価が「容姿4、知性3、経済力4、会話のセンス5、利用しやすさ5」であれば、容姿の合計は2×4＝8、知性は5×3＝15、経済力は3×4＝12、会話のセンスは4×5＝20、利用しやすさは1×5＝5となります。合計点が高い項目(ここでは「会話のセンス」)は特にあなたが相手に満足している部分を表します。そして、各項目の合計点を総計した総合点が高ければ高いほどあなたは相手に満足していると考えられます。

も構いません。

これはアメリカの心理学者が考案した「配偶者選びの経済モデル」を参考に作成したものです。

友人と一緒に自分たちのパートナーについて数値化して、お互いの結果を比較してみましょう。自分のパートナーに対する満足度が客観的にわかるはずです。

もし現在、意中の相手が2人いるなら、それぞれの人物について、テストするのもいいでしょう。得点の高いほうの人物を選ぶことで、「どちらが自分にピッタリなのか」という迷いをうまく吹っ切れるかもしれません。

入院患者が看護師にホレてしまう理由とは？

入院中の患者は、自分が病気で入院しているというだけで精神的に不安になるものです。

看護師が患者に対して、具合をやさしくたずねたり、体をさすってあげたりするなどの行為は治療の一環で、「ベッドサイド・テクニック」と呼びます。ところが、患者はこれを錯覚してしまい、担当の看護師に好意を抱いてしまうことが意外と多くあるのです。

ここでのポイントは入院という「感覚遮断」の状況です。病院内という情報が制約された空間では、同じ行為でも一般社会とは受け取り方が変わってきます。見舞いに来た異性からリンゴの皮をむいてもらったり、ベッドの周りをきれいにしてもらったりされると、健康の時だと特に何でもなかった行為が、入院という状況だと、なぜかその相手がとても魅力的に映ってしまうものなのです。

人はミスで落ち込んでいる時など、話し相手が欲しいと望むものです。もし意中の相手がそんな状況にあったら、「ベッドサイド効果」を期待して、看護師のようにやさしく接してあげると恋はみるみる進展するかもしれません。

第4章

あなたの「コミュ力」&「心理操作スキル」テスト

この章では、あなたが他者と
良好な関係を保てるかをテストします。
この機会に心理学のテクニックを
身につけて、人間関係の改善や
人生の成功につなげてください。

Test 01

会議をスムーズにするリーダーの席は?

あなたがリーダーとなって進行させたいミーティングがあります。少々難航しそうなテーマなので、同僚に補佐を頼みました。さて、その人物を次のどこに座らせますか?

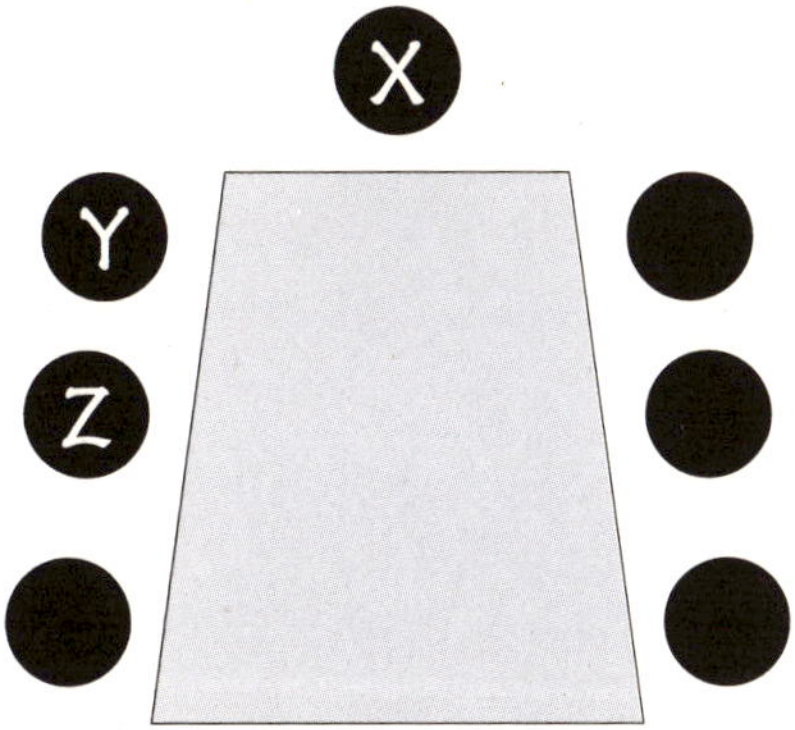

A 自分はYに座り、同僚をXに座らせる

B 自分はYに座り、同僚をZに座らせる

C 自分はXに座り、同僚をYに座らせる

答えは

C

会議を進行させやすくするための
「リーダーの席」とその「補佐の席」は
決まっています。

explanation

通常、リーダーはXの位置のように全体を見渡せる席を選び、Yの位置にサポートしてくれる補佐役を置くと会議がスムーズに進行すると考えられています。その際は、他の出席者から「ただのイエスマンを隣に置いているのでは？」と見なされるケースもあるので、人選には注意が必要といえるでしょう。

強い統率力を発揮するリーダータイプの人物は、自然とXの位置を選ぶ傾向にあります。ただ、対人関を特に重視するリーダーは、Zのようなテーブルの真ん中の席を選んで、メンバー同士のコミュニケーションの中心になることが多いようです。実際、Zの席は、ブレーンストーミングなどの自由な雰囲気のミーティングの際に、リーダーが座るとよいとされています。

Test
02

ゆっくりと近づいてきた友人の本心は？

しばらく音信不通だった友人から連絡があり、会うことになりました。待ち合わせ場所に現れた友人は、ゆっくりと、しかもあなたの体に触れるかどうかのギリギリのところまで近づいてきました。

さて、相手はあなたをどう思っているでしょうか？

A
あなたを恐れている

B
あなたに怒りを感じている

C
あなたに哀しみを感じている

答えは

B

特に相手の悪感情を読み取るには、顔の変化より、「体の動き（ボディーランゲージ）」に注目するのがいいでしょう。

explanation

ゆっくりとかなり近くまで接近する場合、相手はあなたに対して、怒りの感情を抱いていることが考えられます。総じて人は怒っている時、頭や足の動きが多くなり、手の動きは少なくなるという変化があります。設問の場合は、怒りを静かに心の中に抑え込んでいる状態で、感情を表出しないように意識しすぎたことで、かえって不自然な動作と相手に対する不自然な距離感をとってしまったと思われます。

Aのようにあなたを恐れている時は、あなたのいる位置からかなり距離を置いて、その場にとどまります。その際、相手の様子を注意深く観察し、視線を恐る恐る合わせる傾向にあります。

Cのようにあなたに哀しみの感情を抱いている時は、かなり早い足取りで近づいていきます。ただ、その際はなるべく視線を合わせないようなしぐさをします。

Test 03

どのタイプを説得する？

説得にはさまざまな方法があります。
あなたの得意な説得方法は押しつける
やり方ではなく、最終的に本人が決めたと
思わせる方法です。
次のどのタイプに有効でしょうか？

A 情報を信頼するタイプ

B 自意識が高いタイプ

C 想像力が豊かなタイプ

D 神経質なタイプ

E 優柔不断なタイプ

答えは

B

相手を説得したい時は、
その人物の「性格タイプに合わせて
手法を変える」と
成功につながりやすくなります。

explanation

Bの自意識が高いタイプは、しつこく説得すればするほど反発しやすい傾向にあります。たとえば、「私は○○がいいと思いますが、あなたが決めることなので…」と相手が「自分で決めた」と思わせるように持っていくと成功する可能性が高まります。

Aの情報を信頼するタイプは、客観的なデータを与えることで効果を発揮します。その際は、こちら側の主観を一切はさまず、冷静な態度で関連する情報をできるだけ多く示してあげると納得が得やすくなります。

Cの想像力が豊かなタイプは、中身を細かく説明するのではなく、一番重要なポイントだけを伝えるのがいいでしょう。すると相手は想像力を膨らませて勝手に判断してくれます。

Dの神経質なタイプには、最初から順序立てて説明してあげるのが効果的です。相手が納得したら次の情報を示すようにして、徐々に相手の信頼を得ながら、筋道を立てて時間をかけて説得するようにします。

Eの優柔不断なタイプは、基本的に自分で物事を決断が下せません。周囲の意見で決めがちなので「皆さんがお使いになられています」というようなフレーズが効き目を発揮します。

Test 04

気になる相手をオトすには？

あなたには気になる異性がいます。
ある時、話をするチャンスがきたのですが、
相手の気を引くのに効果的なフレーズは
次のどれでしょう？

A

美人だけど、
そのネイルはイマイチかな

B

ファッションはイマイチだけど、
キレイな人だよね

C

美人だけじゃなく、
センスもいいよね

D

髪型変えたほうがいいね。
あとネイルも色がダメかな

答えは

B

心理学の実験より、人は
「けなされてからホメられた」相手に
好意を抱きやすいことが
わかっています。

explanation

アメリカの社会心理学者アロンソンとリンダーは、「好意の獲得と損失に関する実験」を行ないました。その実験は、被験者の女子学生とサクラによる1対1の面談を数回にわたって実施し、サクラは面談のたびに女子学生の魅力についての評価を伝え、実験終了後にその女子学生に自分の魅力度を評定した相手を、どのくらい好意的に感じたかを答えてもらうという内容でした。

その際、①最初のうちはホメられるが、最後のほうはけなされる、②最初のうちはけなされるが、最後のほうはホメられる、③最初から最後までホメられる、④最初から最後までけなされるという4つの方法に分けました。その結果、女子学生がサクラに対して最も好意度が高かったのは、②の悪い評価からよい評価へ変化したケースでした。次に高かったのは③の一貫してよい評価を受けた場合。つづいて④、①という順になりました。

この実験から、一貫して好意的な相手よりも次第に評価が好意的になる相手がより好まれ、一貫して否定する相手よりも、次第に否定的になった相手が嫌われやすくなることがわかりました。

Test 05

早く残業を片づけたいなら、どっちのやり方？

あなたは同僚と5人で残業をすることになりました。早く仕事を終わらせるために、どちらの方法を採用しますか？

A

大きなテーブルに必要な資料を揃えて、
飲み物をとりながら全員で作業をする

B

作業を5等分して、それぞれが自分の
デスクで分担された仕事を片づける

答えは

B

人はグループなどで
作業に取り組む際、
「人数が多くなればなるほど
手抜きをする」傾向にあります。

explanation

Bを選んだ人は、各々の責任で残業を片づけたいと考えています。一見、利己的のようですが、このほうが効率よく仕事を終わらせることができます。実際、大人数になればなるほど、作業の効率は下がるのです。人は集団行動や共同作業をする時、集団が大きくなるほど無意識のうちに手抜きをすることがわかっています。これは社会的手抜き、またはリンゲルマン効果と呼ばれています。作業する人が多くいるため、「誰かがやるから自分は本気を出す必要はないだろう」と考え、1人が発揮する力は弱くなってしまいます。

こうした事態を避けるには、できるだけ少人数で作業に取り組ませ、それぞれの責任の所在を明らかにするのが正解です。自分がやらなければ他の人にバレます。作業の中で担当を決め、各自に責任を持たせることでグループとして効率的な作業につなげることができるのです。

Aを選んだ人は、「みんなで力を合わせれば早く片づくよね」と提案しつつも、自分は手抜きをして仕事の負担を軽くしたいと考えがちな人です。結局、真面目な人が損をしてしまうので、提案した本人が手を抜いていれば周囲から味方は自然といなくなってしまうかも。

Test 06

目の前の相手のウソを見破るには？

会話中、目の前の相手があなたに対して
ウソをついているかどうかを
見破りたいと思います。
どんなしぐさからわかると考えられますか？

A 上目づかいで話している

B 腕組みをしている

C 目をこすっている

D 空のコップを飲もうとする

E テーブルの上のものを
片づけはじめる

答えは

C

人は誰かにウソをついている時や何かやましいことがある時、「目や鼻をこするしぐさ」をすることがあります。

explanation

Cのように目をこすったり、鼻をこすったりするしぐさは、心にやましいことがある時、相手に表情を読まれないようにする動作です。また、内向的な人が相手に本心を伝えられない時などにも見られます。

Aの上目づかいで話すのは、相手にへりくだっている時や、甘えたり頼ったりする時に多く見られます。また、反論したい気持ちを抱いている時にも威嚇のポーズとしてあごをひいて上目づかいをします。

Bの会話中に腕組みをするのは、心理学では自己防衛のポーズと呼ばれ、相手に対する拒絶のサインです。警戒心が強く、自己中心的な人物は、普段から腕組みをすることが多いと考えられています。

Dのように、空のコップを飲もうとしたり、突然手帳を開いて中身を確認したり、メモを書き出したり、スマホをいじったりなど、会話と関係ない動作をくり返す場合、相手は「話をもう切り上げたい」と考えています。

Eのテーブルの上のものを片づけるのは、相手の話に興味があるサインです。その話をもっと知りたいと思い、相手に近づいてよく見ようと無意識のうちにテーブルの上の灰皿や飲み終わったカップを脇にどけたり、片づけたりしはじめます。

Test
07

意中の相手から悩みを相談されたら?

思いを寄せている女性から
悩み事を相談されたあなた。
相手に好印象を与えて、その後の展開に
うまくつなげたいと思います。
さて次のうち、どのような対応をしますか?

A

親身になって的確なアドバイスをする

B

余計な口をはさまずひたすら話を聞く

C

悩みを忘れられるような
楽しい話題に切り替える

答えは

B

女性は、他人にアドバイスを求めているのではなく、ただ「話を聞いてもらえさえすればいい」のです。

explanation

女性が他人に悩み事などを相談する際は、相手に自分の話を聞いてもらいたいだけで、具体的なアドバイスは求めていません。問題が発生した時、女性はまず事態を受け入れようとします。そこで解決するのはさほど重要ではありません。その際、生じたストレスを誰かに話すことで発散し、心のバランスがとれればいいわけです。実際、女性にモテる男性の多くは聞き上手です。女性は自分の話にきちんと耳を傾け、癒してくれる男性に心がひかれるものなのです。女性が話をはじめた時に男性が気をつけるべきことは、アドバイスするのではなく「共感」してあげることです。

男性の場合だと、問題が発生するとすぐに「解決しよう」と考えがちです。それだけに、Aのように他人が悩んでいたら、「アドバイスすべき」ととらえてしまうわけです。すると、話を聞いてもらいたいだけの女性は上から目線でアドバイスを続ける男性を疎ましく思うこともあります。

Cのケースでも、その場で楽しい話で盛り上がるのはいいのですが、女性の心の内にある「他人に話をして共感を得たい」という欲求は満たされないままなので、けっして良策とはいえません。

Test 08

面倒な仕事をうまく引き受けさせるには?

あなたは少々骨の折れる経理関連の仕事を同僚に手伝ってもらいたいと考えました。まんまと相手に引き受けさせるにはどう頼むのがよいでしょう?

A
キミの計算能力が
この難しい
書類づくりには必要なんだ。
手伝ってもらえるかな？
B
ちょっとだけ、
手伝ってもらえないかな？
C
学生時代、数学が
大の苦手だったんだ…。
だからこの計算手伝って！

答えは

B

少々難しい頼みごとを
人に依頼したい時は
「ちょっと」を使うと
引き受けてもらいやすくなります。

explanation

人に何かを依頼したい時、Bのように「ちょっとだけ」と声をかけたり、その相手と目を合わせたりするような行動を、心理学ではノッキングと呼びます。たとえば、街角で「ちょっとしたアンケートです」と声をかけ、質問に答えてもらっているうちに、いつの間にか相手に不要な商品を契約させてしまうキャッチセールスなどでもよく使われるテクニックです。「ちょっとだけならいいですよ」と一度は答えてしまったばかりに、途中で断りづらくなるという人の心の隙間をうまくついた依頼の方法といえるでしょう。

Aは心理学でいうところの迎合行動で、いわゆるお世辞のことです。相手次第では、ホメてくれた人物を好ましく思い、依頼を引き受けてもらえることもあります。ところが、ホメ方が過剰すぎると反対に相手を不愉快にさせることもあるのでベストな選択肢とはいえません。

Cは、自分が計算が苦手なことを自己開示して依頼する方法です。弱みを含め自分自身について正直に話すと、相手は好感を抱くようになり、相手もまた自分のことを話しやすくなります（自己開示の返報性）。ただ、他人に依頼する方法としては弱いといえるでしょう。

Test 09

DIYの手伝いをお願いできる相手は？

あなたはDIYで庭に
ピザ窯を作ることにしました。
自分一人では大変そうなので
友人に手伝ってもらおうと思います。
根気のいる作業だと思いますが、
どの顔形の友人に手伝いを頼みますか？

A 丸顔の友人

B 逆三角形の顔の友人

C 角張った顔の友人

D 大きい顔の友人

E 小さい顔の友人

答えは

G

顔は第一印象を決める
大きな要素になりますが、
「顔のカタチ」にも
性格タイプは表れてしまうのです。

explanation

コツコツとレンガを積み上げていくような地道な作業は、Cのような顔の友人に向いていそうです。エラが張り気味の角張った顔の人物は、頑固者の頑張り屋タイプとされています。時間をかけて実力をつけていく大器晩成型で、多少のことではあきらめない根性の強さを持っています。

Aの丸顔の人物は、人に安心感を与え、好感を得やすいタイプ。社交的な性格から他人と円満に関わることができ、営業職向きといえます。

Bの逆三角形顔の人物は、細いあごと同様にシャープな印象を他人に与えます。頭もよく、鋭い感性の持ち主です。性格は繊細なところがあり、粘り強さにかける面もあるだけにレンガ積みには不向きかもしれません。

Dの大きい顔の人物は、積極的なタイプ。自己主張も強く、自分の実力をしっかりアピールします。社交的な性格で、周囲からも親しまれやすく、人にも親切です。Cのタイプの次にこの作業を依頼するのに向いているかもしれません。

Eの小さい顔の人物は、繊細で内向的な性格の持ち主。読書や考えごとが好きで、1人の時間を大切にするタイプだけに一緒に作業するにはあまり向いていません。

Test 10

セールストークを聞いてくれそうな人は?

あなたはセールスマンです。

効率的に仕事を進めるために、セールストークに耳を傾けてくれる人と話をしたいと思います。

では、次のうちあなたの話を好意的に聞いてくれそうな相手の手の動きはどれでしょう?

A テーブルの上でこぶしを握っている

B ポケットに手を入れている

C テーブルをトントンと叩いている

D 指を広げてテーブルに置いている

E 鼻の脇をこすっている

答えは

D

相手がどんなことを考えているかを
知りたい時は、
「手の位置や手のしぐさ」を
注意深く観察するのがいいでしょう。

explanation

Dのように手をテーブルで指を広げているのは、心理的にリラックスしている状態を表します。相手を受け入れ、話をしっかりと聞いている態度といえるので、あなたのセールストークにも興味を抱く可能性があります。

Aの手の状態で、こぶしを固く握っていたら、あなたの話に納得できないという「NO」のサインです。内心では不快に感じ、「話を聞きたくない」とも思っています。こぶしを軽く握る場合は、リラックスとまではいかないまでも話の内容に興味を示している態度。そのまま会話を続けていても問題はなさそうです。

Bのように手を隠しているのは、相手に「近づいてほしくない」という心理状態を表します。自分の気持ちが悟られたくないと考え、警戒心を抱いている状態といえます。

Cの指先でトントンとテーブルを叩くのは「苛立ち」のサインです。あなた自身に対してか、会話自体に不愉快な気持ちを抑制できず行動に表れた状態といえるでしょう。

Eの鼻の脇をこするのも、不愉快さを感じている可能性が大。相手の話を疑っているか、「これ以上聞きたくない」と考えています。

Test 11

この2人の関係は?

イラストを見て答えてください。
ベンチに男性と女性が座っています。
この2人の関係は次のうちどれでしょうか?

A お互いに関心がない

B 恋人同士

C お互いに関心がある

D 女性は男性に関心がある

E 男性は女性に関心がある

答えは

C

人は知らず知らずのうちに、体を使って自分の気持ちを「符号化」するものです。

explanation

自分の感情や気持ちをしぐさや表情、視線などの非言語コミュニケーションで表すことを符号化といいます。脚の組み方一つをとっても、人はこの符号化作業を無意識のうちに実行しているのです。

イラストを見るとお互いが横に並ぶようにして、別々の作業をしているため、無関心のように見えます。ところが、脚はしっかり相手のほうに向かって組んでいるのがわかります。この姿勢は「ブックエンディング（本立て）」と呼ばれる座り方で、相手に感心を抱いていることを示しています。実際は、いつでも互いに向き合う状態になりやすく、会話が起こりやすい姿勢なのです。それだけに、ここでの正解はCです。

もしAの場合であれば、2人はお互いに身体の向きを正面にするか外側になるのが通常と考えられます。

Bのケースであれば、お互いの距離がもっと短くなるはずです。

Dであれば、女性の脚は内側に組んで、男性は外側に組むか揃えるように座るでしょう。

Eであれば、男性の足は内側に組んでも、女性は外側に組むか揃えるように座ると考えられます。

Test 12

口答えしてはいけない上司のタイプは?

3つのタイプの上司がいます。
叱られた時、口答えすると特にマズい上司は
次のどのタイプでしょう?

A

表情が硬く、怖い上司

B

いつも明るい上司

C

誠実ではあるがしつこい上司

答えは

C

ドイツの精神病理学者クレッチマーが
人の性格を「3つの基本タイプ」に
分類しています。
それぞれの相手への対処法を
おぼえておきましょう。

explanation

Cのタイプの上司はクレッチマーの分類でいう粘着気質です。基本的には、誠実でまじめな性格。デスク周りはいつも整理整頓され、時間厳守の堅物です。話が回りくどく細かすぎるため、聞く人をうんざりさせます。この手の人物に自分の考えを話したり、反論したりすると火に油を注ぐがごとく、あなたの過去の失敗やミスを持ち出して、くどくどと長い叱責がはじまるだけに避けたほうが無難です。

Aのタイプの上司は、分裂気質と呼ばれる性格。つきあいが長くても気心が知れることはありません。偏屈で融通がきかず、平気で相手を傷つける皮肉を言います。ただ、物事への理解度や批評する能力、洞察力が高いため、問題の核心をズバリとついてきます。この手のタイプには叱られても謙虚に耳を傾けるのが正解。反論したところで太刀打ちできず、とりあってもくれないはずです。

Bのタイプの上司は、躁うつ気質に分類されます。社交的で、明るく快活で親しみやすい人物ですが、時として「うつ期」に入り、憂うつで気が重い気分でいることもあります。いつも気軽に部下と話し、冗談好き。叱る時は部下にさりげなく注意をするなど、自分の考えを積極的に話せる相手といえます。

初対面で相手の心をつかむテクニック

仕事の得意先や合コン時の異性など、
初対面の相手との距離を縮めたい時に押さえておくべき
ポイントをご紹介しましょう。

初対面の相手と手っ取り早く友好的な関係を結びたい時、知っておきたいテクニックがあります。

まず会話に臨む際には、できるだけ相手との共通点を探すことを心がけます。趣味や考え方など、人は同じ価値観を持っている人と仲よくなりやすく、一度仲よくなると関係も安定するものです。共通点が多い相手に対して仲間意識を抱くようになるので、多少の意見の食い違いがあっても歩み寄る姿勢がとりやすくなるのです。

仕事や恋愛で相手と親密な関係を持ちたいと思ったら、お互いの共通点を数多く探してその部分をアピールしていけばいいのです。

また、初対面の際は第一印象が大切です。その時、相手に対し、自分のおとぼけな部分やドジな側面を見せると、意外なことに人間関係がスムーズに運びます。

ある実験をご紹介しましょう。内容はいかにも紳士然とした人物が女性と2人でコーヒーを飲み、ふとした時に紳士がコーヒーをこぼすというものです。その結果、女性の紳士に対する好感度はコーヒーをこぼす前より後のほうがアップするのがわかりました。第一印象で近寄りがたく思えた紳士に対し、コーヒーをこぼすのを見た瞬間から相手の女性は親近感をおぼえはじめたわけです。

このようにちょっとした失敗は他人との関係を縮める効果があります。これは服装にしても同様で、ピシッと完璧なスタイルではなく、どこかにスキを作っておくと相手から「話しやすい人物」と思われやすくなります。人は自分が完璧でないことをよく知っているだけに、自分と同じ「完璧でない人物」のほうがつきあいやすいことを本能的に感じてしまうのかもしれません。

参考文献：

『面白いほどよくわかる！心理学の本』渋谷昌三（著）西東社
『面白いほどよくわかる！自分の心理学』渋谷昌三（著）西東社
『面白いほどよくわかる！他人の心理学』渋谷昌三（著）西東社
『面白いほどよくわかる！恋愛の心理学』渋谷昌三（著）西東社
『心理操作ができる本』渋谷昌三（著）三笠書房
『怖いくらい当たる「心理テスト」』渋谷昌三（著）三笠書房
『かくれた自分がわかる心理テスト』渋谷昌三（著）ＰＨＰ文庫
『怖いくらい「本当の自分」がわかる心理テスト』渋谷昌三（著）ＰＨＰ文庫
『本当の自分が見えてくる心理学入門』渋谷昌三（著）かんき出版
『人には聞けない恋愛心理学入門』渋谷昌三（著）かんき出版
『思いのままに人を動かす心理学入門』渋谷昌三（著）かんき出版
「手にとるように心理学がわかる本」渋谷昌三、小野寺敦子（著）かんき出版
「人の心が読みとれる心理学入門」渋谷 昌三（著）かんき出版
「面白くてよくわかる！人間関係の心理学」渋谷 昌三（著）アスペクト
『ワルい心理学』渋谷昌三（監修）日本文芸社
『ズルい心理学』渋谷昌三（監修）日本文芸社
『スゴい心理学』渋谷昌三（監修）日本文芸社

● 監修者紹介 ●

渋谷 昌三 (しぶや しょうぞう)

1946年、神奈川県生まれ。学習院大学文学部を経て東京都立大学大学院博士課程修了。心理学専攻。文学博士。現在は目白大学教授。主な著書に『心理操作ができる本』『心理おもしろ実験ノート』(三笠書房)、『心理学雑学事典』(日本実業出版社)、『面白いほどよくわかる！心理学の本』『心理学がイッキにわかる本』(西東社)、『人を動かす心理学』(ダイヤモンド社)などがある。

staff

編集・デザイン／長 麻里(フェルマータ)
本文執筆／岡田 久

ワルい心理《しんり》テスト

2016年7月10日　第1刷発行

監修者　渋谷《しぶや》　昌三《しょうぞう》
発行者　中村　誠
印刷所　株式会社光邦
製本所　株式会社光邦
発行所　株式会社日本文芸社
〒101-8407　東京都千代田区神田神保町1-7
TEL.03-3294-8931［営業］、03-3294-8920［編集］
URL http://www.nihonbungeisha.co.jp/

Printed in Japan 112160627-112160627Ⓝ01
ISBN978-4-537-21393-5
（編集担当：上原）